Yaacov Zinvirt

Hebräisch Lesenlernen und Verstehen

Jüdisches Lehrhaus – lebendiges Judentum

herausgegeben von

Yaacov Zinvirt

Band 2

Yaacov Zinvirt

Hebräisch Lesenlernen und Verstehen

Ein audiovisuelles Lernprogramm

LIT

Gedruckt auf alterungsbeständigem Werkdruckpapier entsprechend
ANSI Z3948 DIN ISO 9706

Bibliografische Information der Deutschen Nationalbibliothek
Die Deutsche Nationalbibliothek verzeichnet diese Publikation in der Deutschen Nationalbibliografie; detaillierte bibliografische Daten sind im Internet über http://dnb.d-nb.de abrufbar.

2. Auflage 2011
ISBN 978-3-643-10016-0

Verlagskontakt:
Fresnostr. 2 D-48159 Münster
Tel. +49 (0) 2 51-620 320 Fax +49 (0) 2 51-922 60 99
e-Mail: lit@lit-verlag.de http://www.lit-verlag.de

Auslieferung:
Deutschland: LIT Verlag Fresnostr. 2, D-48159 Münster
Tel. +49 (0) 2 51-620 32 22, Fax +49 (0) 2 51-922 60 99, e-Mail: vertrieb@lit-verlag.de

Österreich: Medienlogistik Pichler-ÖBZ, e-Mail: mlo@medien-logistik.at

Schweiz: B + M Buch- und Medienvertrieb, e-Mail: order@buch-medien.ch

Rabbiner Yaacov Zinvirt, 1962 in Jerusalem geboren, seit sieben Generation in Israel ansässig, direkter Nachfahre von Rabbiner Elimelech aus Lischansk. Abitur, Studium der Religionswissenschaften in Israel, Rabbinerprüfung in Jerusalem. Rabbiner in Berlin, Mainz- Worms und seit 2007 in Duisburg-Mülheim-Oberhausen sowie Dozent an der Universität Potsdam und Essen. Verfasser zahlreicher Schriften, u. a. Autor des Buches: *Feste Israels in Papierarbeiten*, hänssler ISBN 3-7751-3906-6, *Tor zum Talmud,* Band I in der Reihe Jüdisches Lehrhaus, LIT-Verlag, ISBN 978-3-8258-1882-1, *Hebräisch Lesenlernen und Verstehen*, Band 2, ISBN 978-3-643-10016-0, *Iwrit bukwa sa bukwoj*, Band 3, russische Ausgabe von Hebräisch Lesenlernen und Verstehen, ISBN 978- 3-643-10612-4.

Die kostenlosen Audiodateien erhalten Sie unter:

rabbinerzinvirt@yahoo.de

Gewidmet

SCHOSCHANA, BETTY, MIRIAM, BENJAMIN, SONJA

An dieser Stelle möchte ich mich ganz herzlich bei den folgenden Sponsoren für Ihre Unterstützung bedanken:

Orthodoxe Rabbinerkonferenz Deutschland

Salomon L. Steinheim-Institut für deutsch-jüdische Geschichte an der Universität Duisburg-Essen

Jüdische Gemeinde im Lande Bremen

Jüdische Gemeinde Osnabrück

Israelitische Kultusgemeinde Hof
Herrn Vorsitzenden Leon Gonczarowski

Jüdische Landesgemeinde Thüringen

www.ZAHNPOINT-MAINZ.de, TELEFON: 06131-224444

Evangelische Kirchengemeinde Meiderich

Herr Dr. Günther Holtmeyer

Christlich-Jüdische Freundeskreis Wesel e.V.

Israel-Kollegiumsreise der Maria Ward-Schule Mainz 2010
Timm, Maxi, Andreas, Ursula, Ulrike, Irmgard, Lothar, Armin, Christine, Gaby, Bärbel, Manfred, Waltraud, Monika

MDA-Israel in Deutschland e.V., Rheinstraße 4N, 55116 Mainz
www.MDA-Israel.de, Telefon: 06131-2047816

Botschaft des Staates Israel

SIE WOLLEN MEHR ÜBER DAS

HEIMATLAND

DER HEBRÄISCHEN SPRACHE ERFAHREN?

BESUCHEN SIE ISRAEL ONLINE

Website	www.israel.de
Facebook	www.facebook.com/IsraelinGermany
Twitter	www.twitter.com/ IsraelinGermany
Blog	www.botschaftisrael.de
YouTube	www.youtube.com/botschaftisrael
Täglicher Newsletter	http://newsletter.cti.newmedia.de

Weiterhin gebührt mein Dank

Frau Bettina S. Schwarz,

Dozentin für Biblische Archäologie an der Universität Potsdam und Dozentin für Hebräisch am Abraham-Geiger-Kolleg, Berlin, für ihre Lektorarbeit des deutschen Teils dieses Buches und phonetische Übersetzung.

Frau Galit Nitzan,

Architektin, Lehrerin für Bildende Kunst und Kunsttherapie in Israel und Berlin für ihre Zeichnungen.

Frau Betty Zinvirt,

Diplom-Chemikerin, wissenschaftliche Mitarbeiterin, TU- Berlin, für die Unterstützung bei der Lektorarbeit und Gestaltung.

Das Hebräische ist die Sprache der Bibel und wird daher auch Sfat haKodesch, die Heilige Sprache genannt. Alle jüdischen Gebete und die Thoralesungen werden auf Hebräisch gesprochen oder gesungen. So wird eine Jahrtausende alte Tradition bewahrt, mit der sich jeder Jude identifizieren kann. Indem die Sprache tradiert und lebendig gehalten wird, kann die Seele und die Einheit des jüdischen Volkes erhalten werden.
Die Mitglieder der Orthodoxen Rabbinerkonferenz Deutschland freuen sich, dieses Buch unterstützen zu können und somit einen Beitrag zur Förderung des Hebräischstudiums zu leisten.
Wir wünschen den interessierten Lesern, dass sie mit Hilfe der von unserem Mitglied Rabbiner Yaacov Zinvirt entwickelten und vorgestellten Lernmethode schnell ihr Ziel erreichen mögen.

Schwat 5771

ORD
Orthodoxe Rabbinerkonferenz Deutschland
ועידת הרבנים האורטודוקסים דמדינת אשכנז

Vorstand und Beirat

Rabbiner A. Apel Rabbiner J. Engelmayer Rabbiner J. Ebert
Rabbiner Z. Rubins Rabbiner J. C. Soussan

Inhaltsverzeichnis

Einleitung

Ivrith wird von rechts nach links geschrieben und gelesen. Es gibt keine Unterscheidung von Groß- und Kleinschreibung. In jeder Lerneinheit werden die neuen Worte tabellarisch und graphisch dargestellt. Die Bilderfolge ist ebenfalls von rechts nach links angeordnet.

Aufbau der Lerneinheiten

Die Lerneinheiten sind wie folgt aufgebaut: Zuerst werden die neuen Buchstaben, bzw. Vokale vorgestellt, Beispiele erbracht mit anschließenden kurzen Leseübungen. Es folgen neue Worte in tabellarischer und graphischer Darstellung, *Hebräisch Lesenlernen und Verstehen–* Übungen. Am Schluß werden alle in der Lerneinheit behandelten Worte nochmals in einer Tabelle aufgeführt.

Vokale und Konsonanten

Das Hebräische ist eine Konsonantenschrift, d.h. Vokale spielen eine untergeordnete Rolle. Die Vokale werden als Punkte und Striche über und unter den Buchstaben gesetzt. Für jeden Vokal gibt es zwei oder drei unterschiedliche Zeichen. Alle Vokale werden ausführlich in den Lerneinheiten erklärt und sind im Anhang 2 nochmals aufgeführt. Die Punktierungsregeln für die einzelnen Zeichen werden im Anhang 3 unter Anmerkungen kurz erläutert.

Die Endbuchstaben - Sofit

Fünf Konsonanten ändern ihre Form, wenn sie am Ende eines Wortes stehen. Sie werden Endbuchstaben (sofit) genannt und sind im Buch jeweils extra aufgeführt.

Das Dagesch

Manchmal steht ein Punkt (ein Dagesch) in der Mitte eines Konsonanten. Das Dagesch verstärkt den Laut. Es ist aber **nur** bei Pe פּ, Kaf כּ und Bet בּ hörbar. Ohne Punkt, d.h. ohne Dagesch, wird es Fe פ, Chaf כ und Vet ב gesprochen.

Die Betonungen

Die Betonungen liegen im Hebräischen normalerweise am Ende eines Wortes, wenn nicht, so wird dies durch einen Akzent gekennzeichnet.

Anmerkungen - Fußnoten

Im Anhang 3 befinden sich ausführliche Erklärungen, die auch in den Lerneinheiten in gekürzter Form als Anmerkungen (Fußnoten) angeführt sind. Diese Hinweise sind besonders hilfreich für den Lernverlauf.

Die Geschlechter

Es gibt im Hebräischen nur zwei Geschlechter: Maskulin und Feminin.Verben und Adjektive werden seinem vorangestellten Sustantiv in der jeweiligen männlichen, weiblichen, singularen oder pluralen Form angepasst. In diesem Buch wird stets die männliche und weibliche Form dargestellt (Substantive, Adjektive und Verben).

Lerneinheit 1.1

Buchstaben

(Tav) ת	(He) ה	(Alef) א

stumm; erhält seinen Laut nur durch einen Vokal = א

h = ה

t = ת

Vokal a

Der Vokal **a** wird mit den folgenden Zeichen unter den Buchstaben dargestellt:

wie **a** in Bach = ◌ַ

langes **a** wie in Aal = ◌ָ

kurzes **a**, unbetont = ◌ֲ

s. Anhang 3. Nr. 1) - 4)

Beispiel

a = אַ
ha = הָ
ta = תֲ

Vokal Schva

Der Vokal **Schva** wird mit zwei senkrechten Punkten unter den Buchstaben dargestellt:

Wird nicht transkribiert, = □
fast lautloses, kurzes e :

Beispiel

t = תְ

Leseübung 1

אָ אַ אֶ   הָ הַ הֶ   תָ תַ

תְ

Leseübung 2

Vorbemerkung:

1. Eigennamen werden hier wie im modernen Hebräisch wiedergegeben und nicht übersetzt.

2. Bei Wörtern mit mehreren Bedeutungen wurden sich auf diejenigen beschränkt, die im Text vorkommen.

Wörter

dt.	*Umschrift*	*hebr.*
du, f.	at	s.5) אַתְּ
du, m.	ata	s .6) אַתָּה
der, die, das..	ha	s.7) ....הַ
Fach	ta	תָּא

5) Der Punkt in der Buchstabenmitte = Dagesch verstärkt den Laut. Es ist aber **nur** bei Pe פּ , Kaf כּ und Bet בּ hörbar. Ohne Punkt, d.h. ohne Dagesch, wird Fe פ, Chaf כ und Vet ב gesprochen.

6) Der Buchstabe He ה am Ende des Wortes wird nicht gesprochen. In der Umschrift wurde das He am Ende eines Wortes weggelassen, weil es keine Wirkung auf die Aussprache hat.

7) הַ ha (= He mit Patach) ist der bestimmte Artikel für: maskulin, feminin, Singular und Plural. Er wird dem Wort vorangestellt; dazu kommt ein Punkt = Dagesch im folgenden Buchstaben: הַתָּא . (Nähere Erläuterungen s. Anhang 3)

Wort und Bild

Verbinde die Buchstaben sinnvoll miteinander:

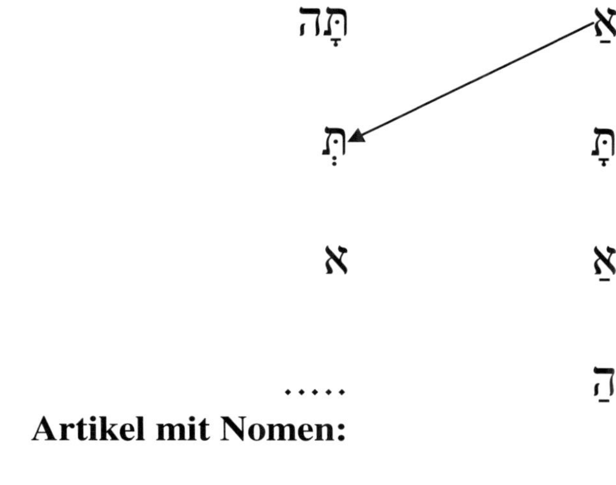

Artikel mit Nomen:

הַתָּא

Zuordnung

Artikel	*Personalpronomen*	*Substantiv*
....הַ	אַתְּ	תָּא
	אַתָּה	

Lerneinheit 1.2

Buchstaben

(Nun) נ	(Mem) מ	(Jod) י

j = י

m = מ

n = נ

Leseübung 1

יָ יַ יְ מָ מַ מְ נָ נַ נְ

Leseübung 2

נְ מַ יָ נַ מְ יְ מָ נַ יַ

Wörter

dt.	*Umschrift*	*hebr.*
Maja, f.	mája	מַאיָה
was?	ma	מַה
Natan, m.	natan	s. 8) נָתָן
Netanja	netánja	נְתַנְיָה

8) Der Buchstabe Nun נ verändert am Wortende seine Form: ן (Buchstabe Nun sofit ן s. 1.4) .

Wort und Bild

Verbinde die Buchstaben sinnvoll miteinander:

תָן	מַ
יָה	נָ
איָה	נְתַנְ
ה	מַ

Lesen und Verstehen

אַתְּ מַאיָה ?

אַתָּה נָתָן ?

Forme Sätze aus den Bilderketten.
Von rechts nach links.

Beispiel:

אַתְּ מַאיָה ?

אַתָּה נָתָן.

Zuordnung

Ortsnamen	*Eigennamen* *m.*	*f.*	*Fragewörter*
נְתַנְיָה	נָתָן	מַאיָה	מַה

Lerneinheit 1.3

Vokal i

Der Vokal **i** wird mit den folgenden Zeichen dargestellt:

Beide **i** mittlerer Länge

i = ◌ִ

i = ◌ִי

Beispiel

i = אִ

mi = מִ

ni = נִי

Leseübung 1

אִ אִי הִ הִי יִ יִי מִ מִי נִ נִי תִ תִי

Leseübung 2

תִ מִ נִ תִי מִי נִי הִ אִי יִ הִי אִ יִי

Wörter

dt.	*Umschrift*	*hebr.*
Mama	íma	אִמָּא
ich, m.+ f.	ani	אֲנִי
sie, f. sg.	hi	הִיא
von, aus	mi…	s. 9) .....מִ
wer?	mi	מִי
Mati, m.	máti	מַתִּי

Wort und Bild

9) Die Präposition **VON** besteht aus dem Buchstaben Mem mit Vokal Chirik und wird dem Wort vorangestellt: ...מִ. Dazu kommt ein Punkt = Dagesch im folgenden Buchstaben. (Nähere Erläuterungen s. Anhang 3)

Verbinde die Buchstaben sinnvoll miteinander:

אֲ	י
מַ	מָּא
אִ	יא
מִ	תִּי
הִ	נִי
מִ	.....

Lesen und Verstehen

מִי אַתָּה ?
אֲנִי מַתִּי.

מִי אַתְּ ?
אֲנִי מַאיָה.

מִי מִנְּתַנְיָה ?
מַתִּי מִנְּתַנְיָה.

מִי הִיא ?
הִיא אִמָּא.

Forme Sätze aus den Bilderketten.

1

8	12	1

?

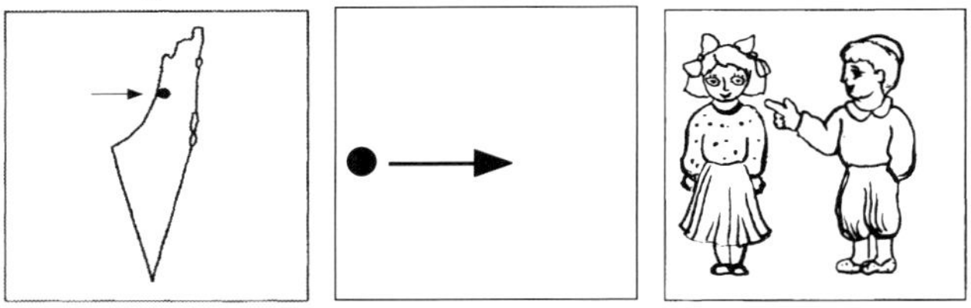

2

8	12	11

?

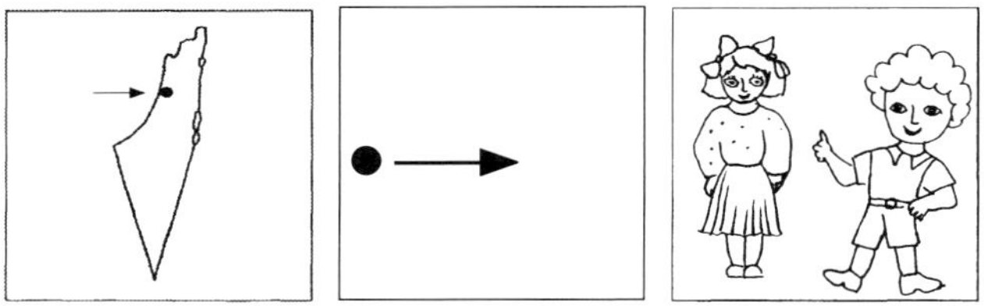

3

14	2

?

4

Zuordnung

Fragewörter	*Personalpronomen*		*Substantiv*
	f.	*m.+f.*	*f.*
מִי	הִיא	אֲנִי	אִמָּא

Eigennamen	*Präposition*
m.	
מַתִּי	.....מִ

Lerneinheit 1.4

(Nun sofit) ן	(Mem sofit) ם

Buchstaben

nur am Ende eines Wortes m = ם

nur am Ende eines Wortes n = ן

Wörter

dt.	*Umschrift*	*hebr.*
Wein	jájin	יַיִן
Meer	jam	יָם
Wasser	májim	מַיִם

Wort und Bild

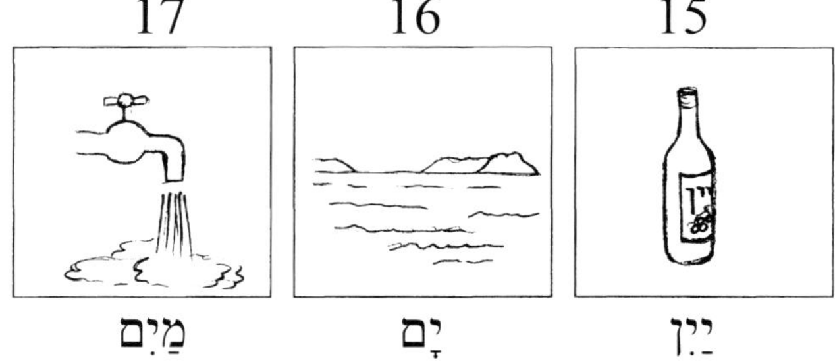

Verbinde die Buchstaben sinnvoll miteinander:

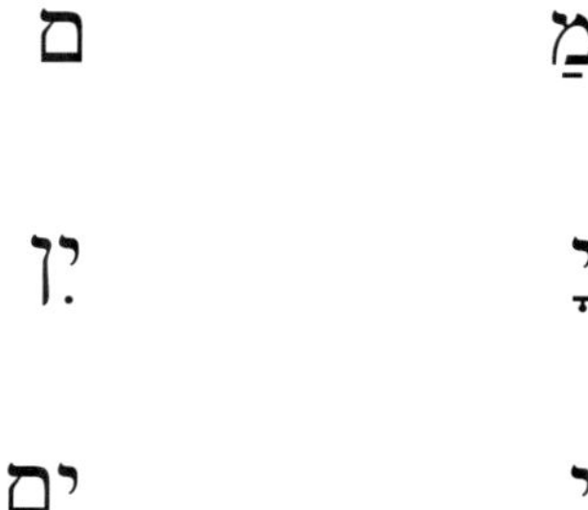

Mem und Nun an verschiedenen Stellen des Wortes.

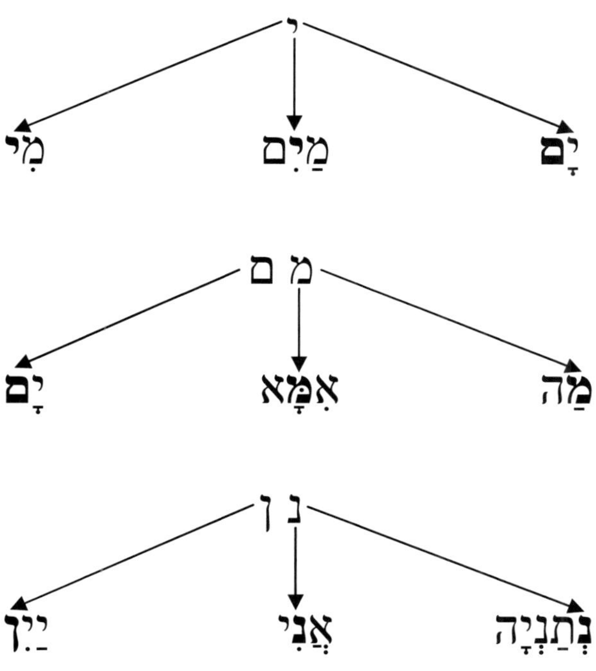

Lesen und Verstehen

מַה מִּתְנַתְּנָה ?
הַיַּיִן מִתְנַתְּנָה.

מַה מִּתְנַתֵּן ?
הַמַּיִם מִתְנַתֵּן.

Forme Sätze aus den Bilderketten.

1

14	12	15	3
?		יין	

2

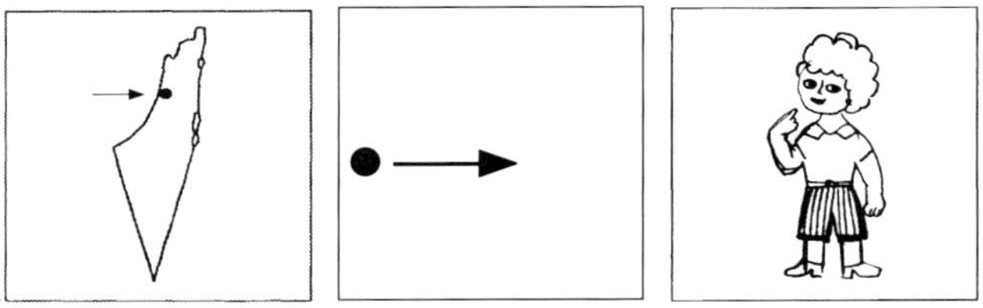

Zuordnung

Substantiv

m. pl.	*m.*
	יַיִן
	יָם
מַיִם	

8	12	10
.		

Lerneinheit 2.1

Buchstaben

(Lamed) ל	(Dalet) ד	(Gimmel) ג

g = ג

d = ד

l = ל

Leseübung 1

גָ גַ גֵ גִ גִי דָ דַ דֵ דִ דִי לָ לַ לֵ לִ לִי

Leseübung 2

דָ לִי גָ לָ דֵ לַ גִי גֵ דִ גַ לֵ דַ גִ דִי לִ

Wörter

dt.	*Umschrift*	*hebr.*
England	ánglia	אַנְגְלִיָה
Gad, m.	gad	גָד
Gila, f.	gila	גִילָה
Rad	galgal	גַלְגַל
Eiscreme	glída	גְלִידָה
auch	gam	גַם
Dalia, f.	dália	דַלְיָה
Dan, m.	dan	דָן
zu, nach, für	le…	s.10) …לְ
bei, neben	lejad	לְיַד
warum?	láma	לָמָה
Schüler	talmid	תַלְמִיד
Schülerin	talmida	תַלְמִידָה

10) Die Präposition **ZU**, **NACH** besteht aus dem Buchstaben Lamed mit Schva und wird dem Wort vorangestellt: ...לְ. (Nähere Erläuterungen s. Anhang 3)

Wort und Bild

Verbinde die Buchstaben sinnvoll miteinander:

תַּלְ	ד
תַּלְ	יָה
גָּ	לָה
דַּלְ	מִיד
גִּי	מִידָה
אַנְגְּלְ	ן
דָּ	ם
גַּ	גַּל
גְּלִי	יָּה
גַּלְ	דָה

לָ ד

לְיַ מָּה

לְ .....

Lesen und Verstehen

גָּד תַּלְמִיד.

גִּילָה תַּלְמִידָה.

גַּם דַּלְיָה תַּלְמִידָה, הִיא מִנְּתַנְיָה.

לְגִילָה גְּלִידָה.

לְדָן גַּלְגַּל.

נְתַנְיָה לְיַד הַיָּם.

גַּם אַנְגְּלִיָּה לְיַד הַיָּם.

לָמָּה גִּילָה לְיַד הַמַּיִם ?

Forme Sätze aus den Bilderketten.

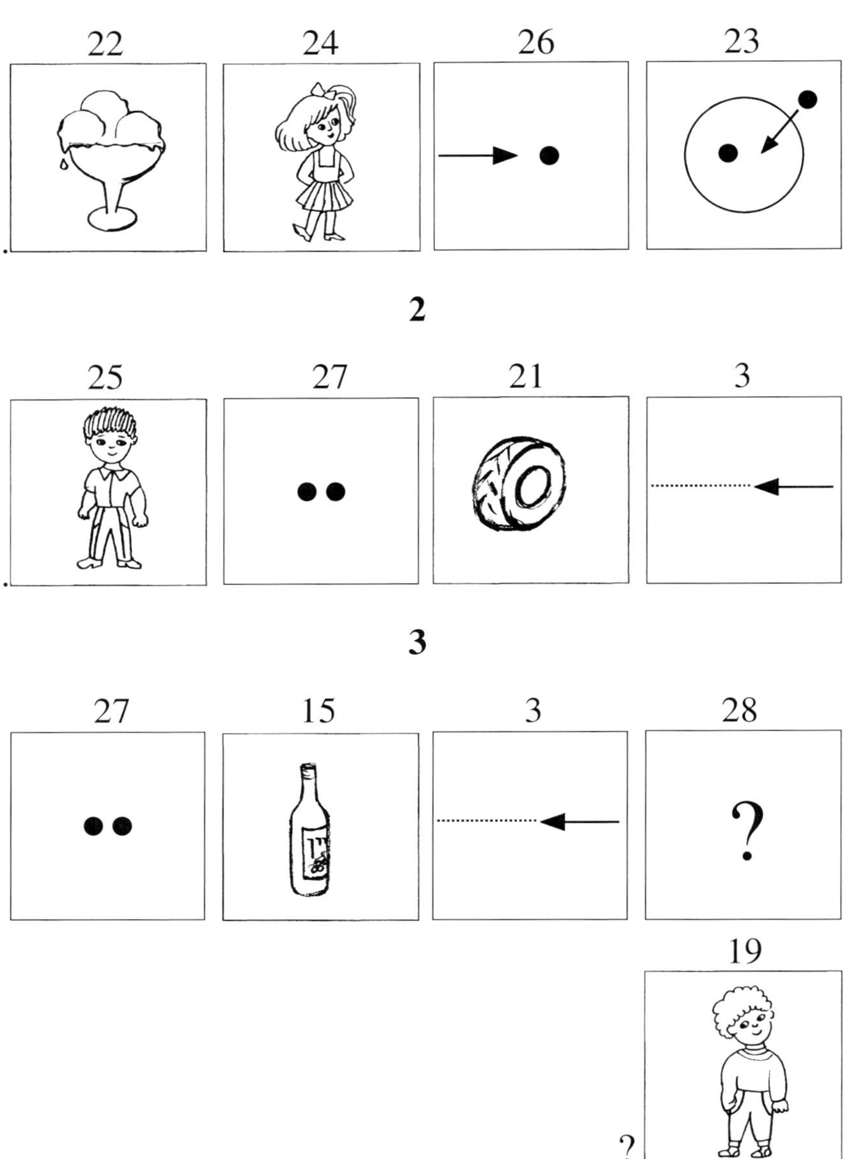

4

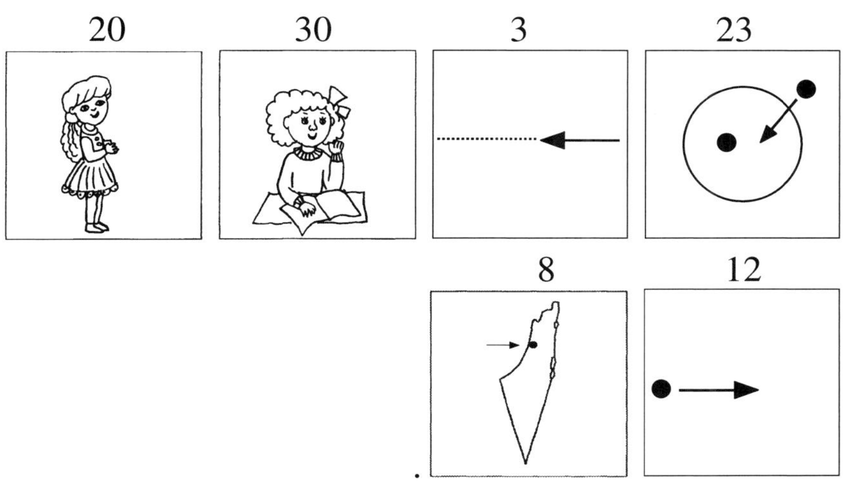

Zuordnung

Präposition	*Fragewörter*	*Substantiv* *f.*	*m.*
לְ.....	לָמָּה	גְּלִידָה	גַּלְגַּל
לְיַד		תַּלְמִידָה	תַּלְמִיד

Ortsnamen	*Eigennamen* *f.*	*m.*	*Hilfswörter*
אַנְגְּלִיָּה	גִּילָה	גָּד	גַּם
	דַּלְיָה	דָּן	

Lerneinheit 2.2

Vokal e

Der Vokal **e** wird mit den folgenden Zeichen unter den Buchstaben dargestellt:

kurzes **e** wie in Kern = ◌ֶ

langes **e** wie Lehrer = ◌ֵ

kurzes **e**, unbetont = ◌ֱ

Beispiel

e = אֱ
ge = גֵ
te = תֶ

Leseübung 1

אֶ אֵ אֱ גֶ גֵ דֶ דֵ הֶ הֵ הֱ יֶ יֵ לֶ לֵ מֶ מֵ נֶ נֵ תֶ תֵ

Leseübung 2

גֵ הֶ תֶ אֵ נֶ יֵ אֱ נֵ לֵ דֶ תֵ מֵ אֶ מֶ הֵ לֶ יֶ דֵ גֶ הֱ

Wörter

dt.	*Umschrift*	*hebr.*
Eilat	eilat	אֵילַת
Eli, m.	éli	אֵלִי
sie, m. pl.	hem	הֵם
sie, f. pl.	hen	הֵן
Junge	jéled	יֶלֶד
Mädchen	jalda	יַלְדָּה
Kinder, m. pl.	jeladim	יְלָדִים
Lea, f.	lea	לֵאָה
woher?	meájin	מֵאַיִן
Schüler, m. pl.	talmidim	תַּלְמִידִים

Wort und Bild

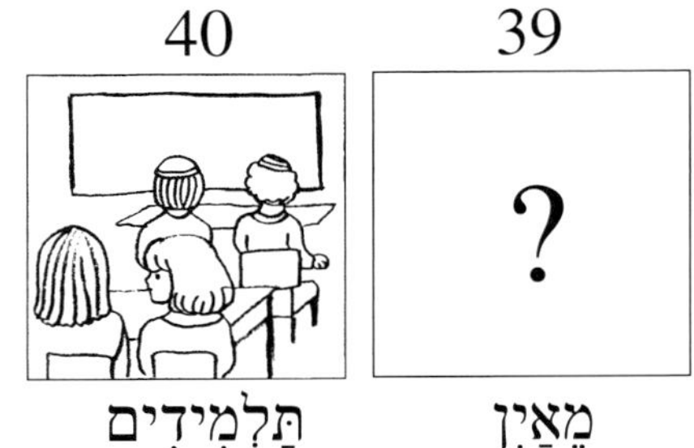

תַּלְמִידִים מֵאַיִן

Verbinde die Buchstaben sinnvoll miteinander:

תַּלְ	יִן
מֵאַ	ם
אֵי	לֶד
הֵ	מִידִים
יֶ	לַת
הֵ	דָּה
אֵ	דִים
יַלְ	אָה
יְלָ	לִי
לֵ	ן

Lesen und Verstehen

אֱלִי יֶלֶד.

מֵאַיִן אֱלִי?
אֱלִי מֵאֵילַת.
גַּם גָּד מֵאֵילַת.
הֵם תַּלְמִידִים.

לֵאָה יַלְדָּה.
גַּם גַּלְיָה יַלְדָּה.
הֵן מֵאַנְגְּלִיָּה.

מֵאַיִן הַיְלָדִים?
הֵם מִנְּתַנְיָה.

Forme Sätze aus den Bilderketten.

1

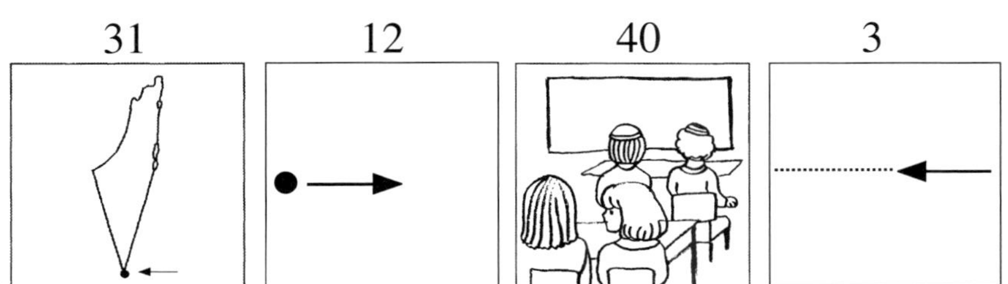

2

Zuordnung

Personalpronomen		*Substantiv*		
f. pl.	*m. pl.*	*m. pl.*	*f.*	*m.*
הֵן	הֵם	יְלָדִים	יַלְדָּה	יֶלֶד
		תַּלְמִידִים	תַּלְמִידָה	תַּלְמִיד

Ortsnamen	*Eigennamen*		*Fragewörter*
	f.	*m.*	
אֵילַת	לֵאָה	אֵלִי	מֵאַיִן

Lerneinheit 2.3

Wörter

dt.	*Umschrift*	*hebr.*
Es gibt nicht	éin	אֵין
Fahne	dégel	דֶּגֶל
ihr, f. sg.	la	לָהּ
mir, m.+ f. sg.	li	לִי

Wort und Bild

Verbinde die Buchstaben sinnvoll miteinander:

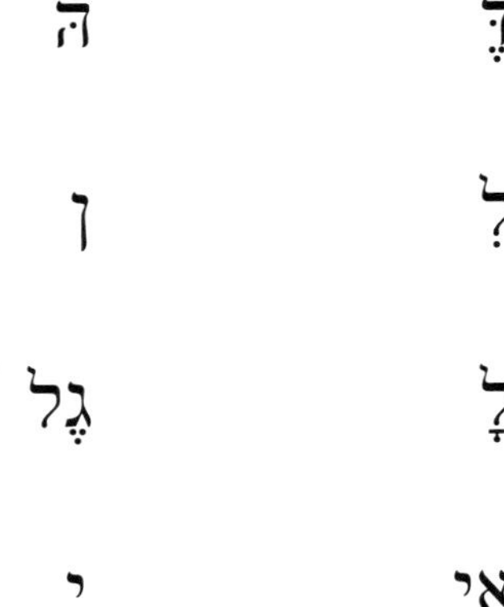

Lesen und Verstehen

אֵין לְלֵאָה גְּלִידָה.
אֵין לָהּ גְּלִידָה.

אֲנִי מֵאֵילַת.
אֵין לִי דֶּגֶל מֵאַנְגְּלִיָּה.

Forme Sätze aus den Bilderketten.

1

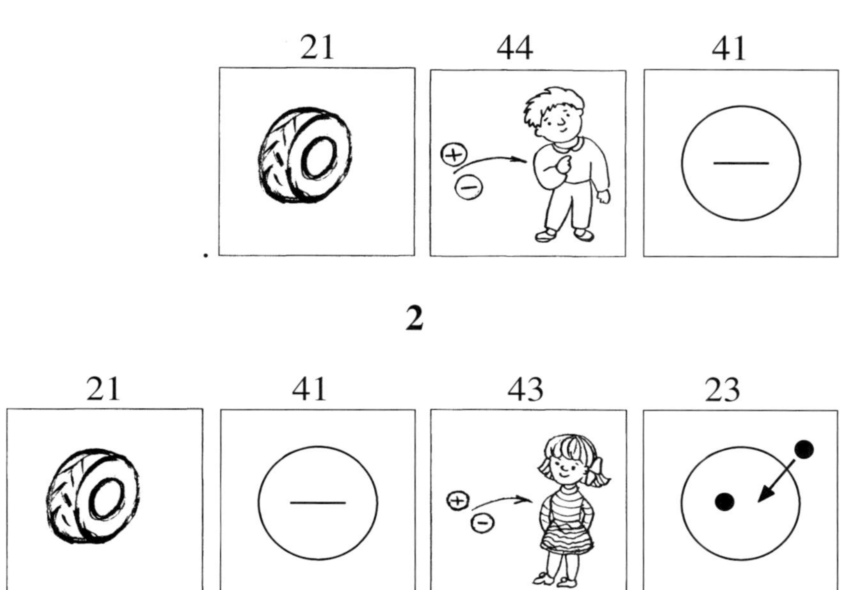

Zuordnung

Ausdruck	*Pers.Pron.Dativ*	*Substantiv* *m.*
אֵין	3. f. sg. לָהּ	דֶּגֶל
	1. m. + f. sg. לִי	

Lerneinheit 3.1

Buchstaben

(Resch) ר	(Kof) ק	(Vav) ו

v = ו

k = ק

r = ר

Leseübung 1

וָ וַ וְ וִ וִי וֶ וֵ קָ קַ קְ קִ קִי קֶ קֵ רָ רַ רְ רִ רִי רֶ רֵ

Leseübung 2

רֵ וָ וְ רָ קָ קְ רַ קַ רְ קִ וַ קִי וֶ רִ קֶ קֵ וִ רִי וֵ רֶ וִי

Wörter

dt.	*Umschrift*	*hebr.*
Amerika	amérika	אָמֶרִיקָה
Deutschland	germánia	גֶּרְמַנְיָה
David, m.	david	דָּוִד
und	ve…	s. 11) ......וְ
Rose	varda	וַרְדָּה
Miriam, f.	mirjam	מִרְיָם
Nira, f.	nira	נִירָה
Federmappe	kalmar	קַלְמָר
Ram, m.	ram	רָם
nur	rak	רַק

11) Die Konjunktion **UND** besteht aus dem Buchstaben Vav mit Schva: ....וְ . (Nähere Erläuterungen s. Anhang 3)

Wort und Bild

Verbinde die Buchstaben sinnvoll miteinander:

רַ	וִד
דָּ	ק
אָמֶ	דָּה
וַרְ	......
וְ	רִיקָה
קַלְ	רָה
מִרְ	מַנְיָה
גֶּרְ	מָר
בִי	ם
רָ	יָם

Lesen und Verstehen

מֵאַיִן וַרְדָּה וְנִירָה ?
הֵן מֵאָמֶרִיקָה.

מֵאַיִן דָּוִד וְרָם ?
הֵם גַּם מֵאָמֶרִיקָה.

רַק מִרְיָם מִגֶּרְמַנְיָה.

מִרְיָם יַלְדָּה.
אֵין לָהּ קַלְמָר.

Forme Sätze aus den Bilderketten.

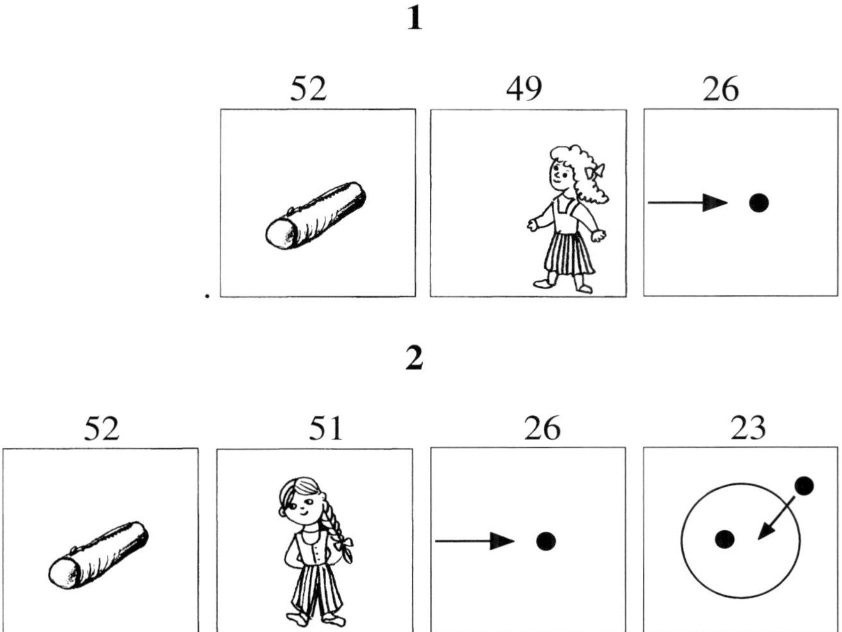

Zuordnung

Adverb	*Bindewort*	*Substantiv m.*
רַק	......וְ	קַלְמָר

Ortsnamen	*Eigennamen* *f.*	*m.*
אָמֶרִיקָה	וַרְדָּה	דָּוִד
גֶּרְמַנְיָה	מִרְיָם	רָם
	נִירָה	

Lerneinheit 3.2

Vokal o

Der Vokal **o** wird mit den folgenden Zeichen dargestellt:

kurzes **o** wie in Wolle = ֹ□

langes **o** wie Wohl = □וֹ

Beispiel

ko = קוֹ = קֹ
no = נוֹ = נֹ
to = תוֹ = תֹ

Leseübung 1

אֹ אוֹ גֹ גוֹ דֹ דוֹ הֹ הוֹ וֹ ווֹ יֹ יוֹ לֹ לוֹ מֹ מוֹ נֹ נוֹ
קֹ קוֹ רֹ רוֹ תֹ תוֹ

Leseübung 2

דֹ גוֹ אֹ הוֹ תוֹ רֹ וֹ קוֹ יֹ נוֹ לֹ מוֹ מֹ דוֹ לוֹ גֹ נֹ אוֹ יוֹ
הֹ קֹ תֹ יוֹ רוֹ

Wörter

dt.	*Umschrift*	*hebr.*
Orna, f.	órna	אוֹרְנָה
Holland	hóland	הוֹלַנְד
holländisch	holándit	הוֹלַנְדִּית s. 12)
Joram, m.	jóram	יוֹרָם
Mädchen	jeladot	יְלָדוֹת
nein, nicht	lo	לֹא
Lehrer sg.	more	מוֹרֶה
Lehrerin	mora	מוֹרָה
Lehrer pl.	morim	מוֹרִים
Lehrerinnen	morot	מוֹרוֹת
Rumänien	románia	רוֹמַנְיָה
rumänisch	romanit	רוֹמָנִית
danke	toda	תּוֹדָה
Schülerinnen	talmidot	תַּלְמִידוֹת

12) Die Endung ית... kennzeichnet eine Sprache und ist feminin.

Wort und Bild

55 אוֹרְנָה
56 הוֹלַנְד
57 הוֹלַנְדִית
58 יוֹרָם

59 יְלָדוֹת
60 לֹא
61 מוֹרֶה
62 מוֹרָה

63 מוֹרִים
64 מוֹרוֹת
65 רוֹמַנְיָה
66 רוֹמָנִית

67 תּוֹדָה
68 תַּלְמִידוֹת

Verbinde die Buchstaben sinnvoll miteinander:

הוֹלַ	דוֹת
יְלָ	נְד
לֹ	א
מוֹ	דָה
מוֹר	ים
רוֹמַ	דוֹת
תּוֹ	רֶה
תַּלְמִי	נְיָה
מוֹרִ	וֹת
הוֹלַנְ	דִּית

יוֹ	נָה
רוֹמָ	נִית
מוֹ	רָה
אוֹרְ	רָם

Lesen und Verstehen

אוֹרְנָה מֵהוֹלַנְד.
הִיא מוֹרָה לְהוֹלַנְדִּית.

יוֹרָם מֵרוֹמַנְיָה.
הוּא מוֹרֶה לְרוֹמָנִית.

תּוֹדָה לַמּוֹרִים אוֹרְנָה וְיוֹרָם. (s. 13)

מִרְיָם וְלֵאָה יְלָדוֹת.
הֵן לֹא מוֹרוֹת.
הֵן תַּלְמִידוֹת.

13) Maskuline und feminine Personen in einer Gruppe erhalten die maskuline Endung.

Forme Sätze aus den Bilderketten.

1

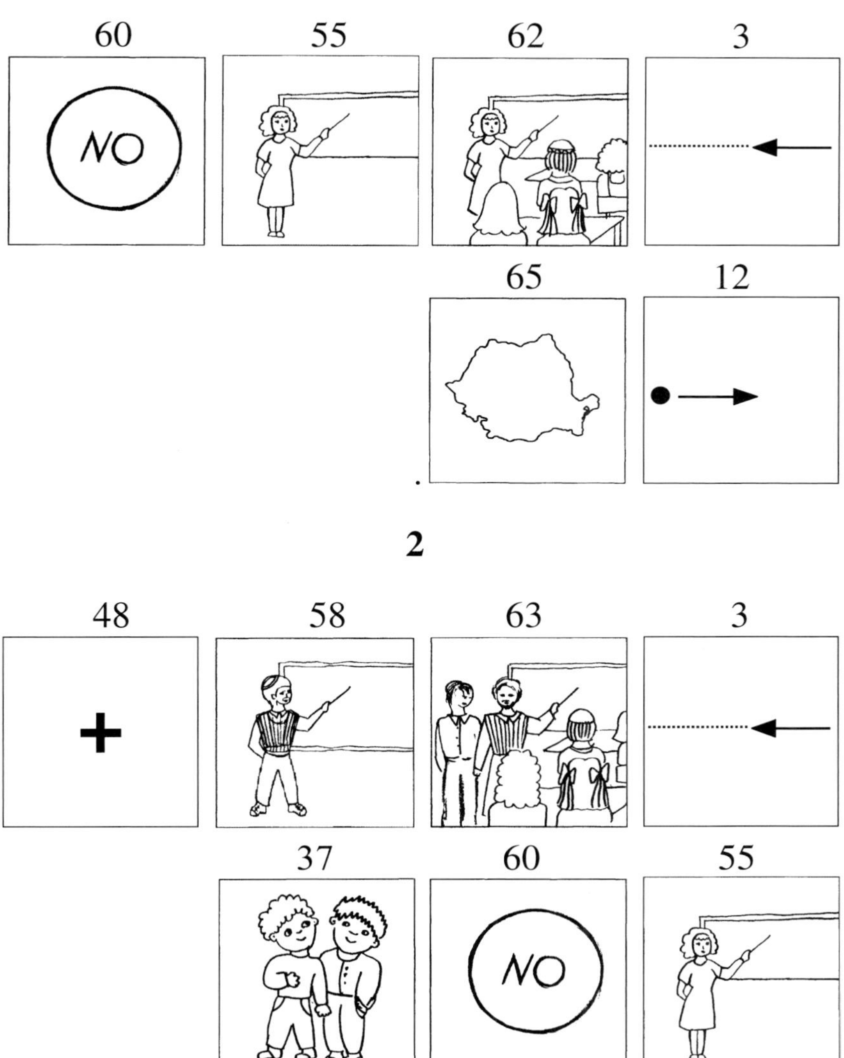

3

Zuordnung

Substantiv

f. pl.	*m. pl.*	*f.*	*m.*
יְלָדוֹת	יְלָדִים	יַלְדָּה	יֶלֶד
מוֹרוֹת	מוֹרִים	מוֹרָה	מוֹרֶה
תַּלְמִידוֹת	תַּלְמִידִים	תַּלְמִידָה	תַּלְמִיד

Ortsnamen	*Interjektion*	*Verneinung*
הוֹלַנְד	תּוֹדָה	לֹא
רוֹמַנְיָה		

Eigennamen f.	*Eigennamen m.*	*Sprachen*
אוֹרְנָה	יוֹרָם	הוֹלַנְדִּית
		רוֹמָנִית

Lerneinheit 3.3

Wörter

dt.	*Umschrift*	*hebr.*
Amnon, m.	amnon	אַמְנוֹן
Tag	jom	יוֹם
ihm, 3. m. sg.	lo	לוֹ
lernt, m. sg.	lomed	לוֹמֵד
lernt, f. sg.	lomédet	לוֹמֶדֶת
lernen, m. pl.	lomdim	לוֹמְדִים
lernen, f. pl.	lomdot	לוֹמְדוֹת
liest, m. sg.	kore	קוֹרֵא
liest, f. sg.	koret	קוֹרֵאת
lesen, m. pl.	kor'im	קוֹרְאִים
lesen, f. pl.	kor'ot	קוֹרְאוֹת

Wort und Bild

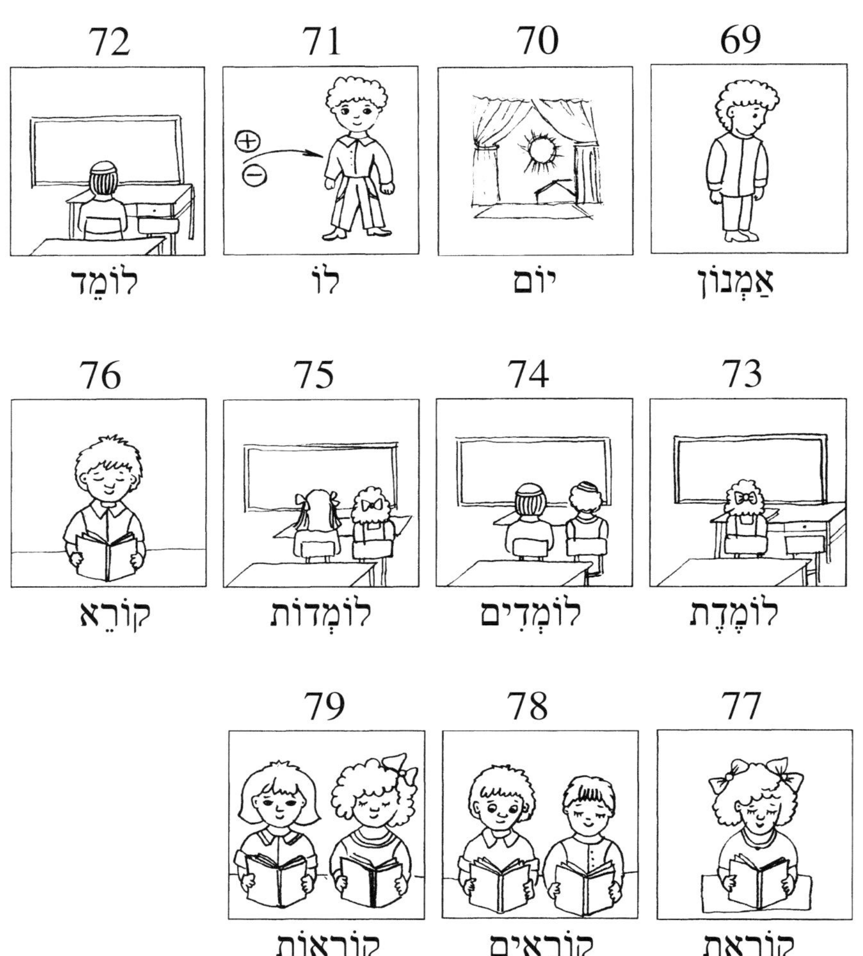

Verbinde die Buchstaben sinnvoll miteinander:

דִים	קוֹ
מֵד	לוֹמְ
אוֹת	קוֹ
רֵא	לוֹ
אִים	קוֹרְ
רֵאת	לוֹמֶ
ם	ל
דֶת	קוֹרְ
וֹ	לוֹמְ
דוֹת	אַמְ
נוֹן	יוֹ

Lesen und Verstehen

וַרְדָּה וְנִירָה תַּלְמִידוֹת.
הֵן לוֹמְדוֹת וְקוֹרְאוֹת אַנְגְּלִית .

אַמְנוֹן וְרָם תַּלְמִידִים.
הֵם לוֹמְדִים וְקוֹרְאִים גֶּרְמָנִית.

מַה אַתָּה לוֹמֵד הַיּוֹם ?
הַיּוֹם אֲנִי לֹא לוֹמֵד אֲנִי רַק קוֹרֵא.

מַה אַתְּ לוֹמֶדֶת הַיּוֹם ?
הַיּוֹם אֲנִי לֹא לוֹמֶדֶת אֲנִי רַק קוֹרֵאת.

דָּוִד יֶלֶד.
אֵין לוֹ קַלְמָר.

Forme Sätze aus den Bilderketten.

1

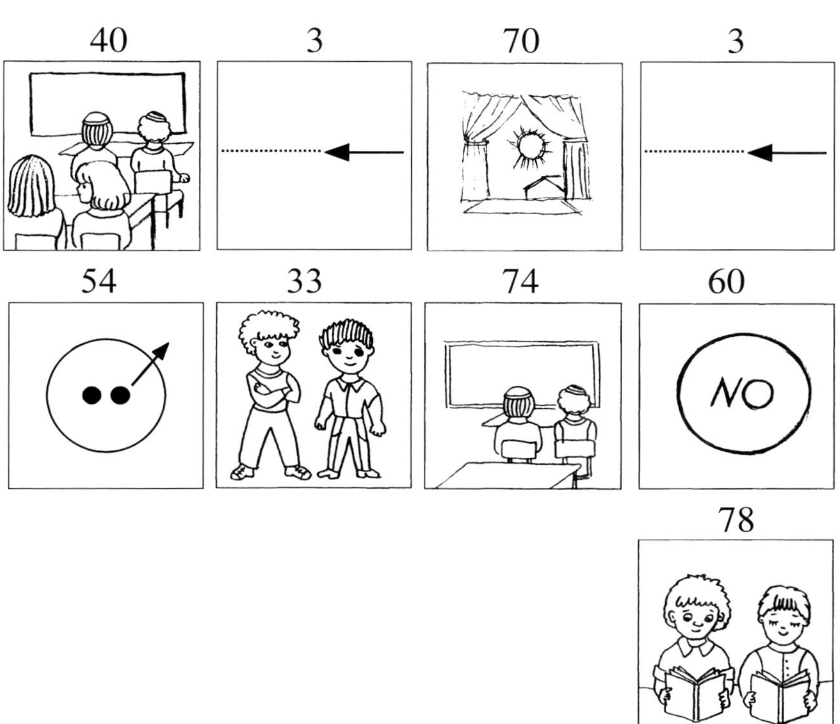

2

68 3 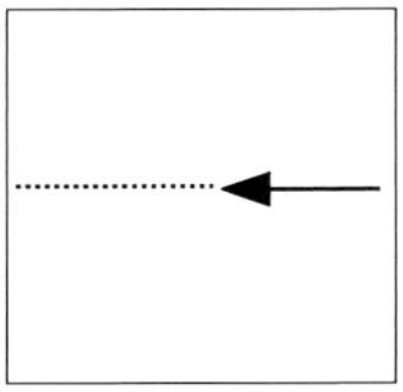 70 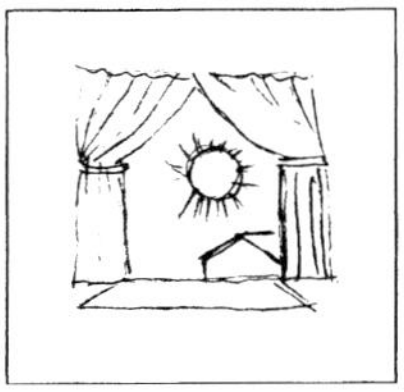 3

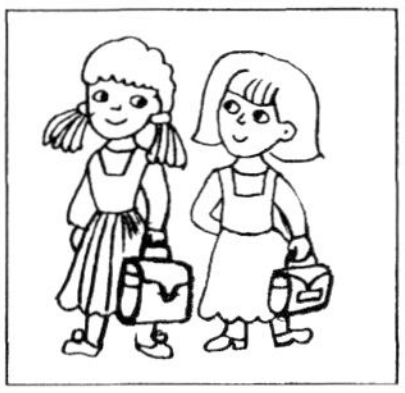

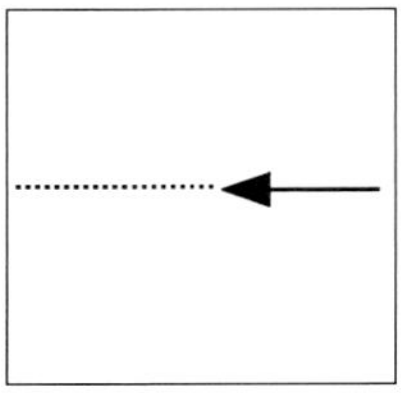

54 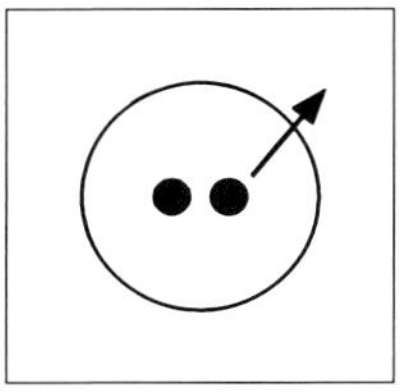 34 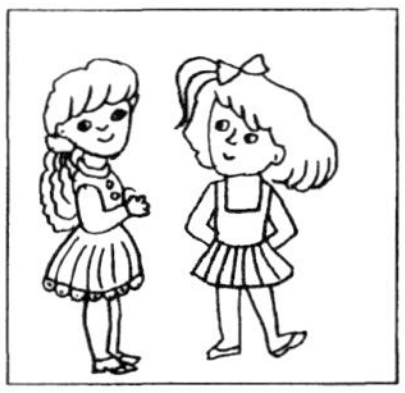 75 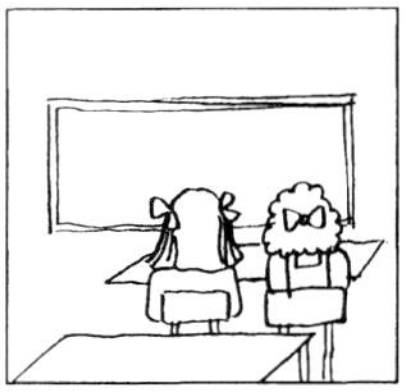 60

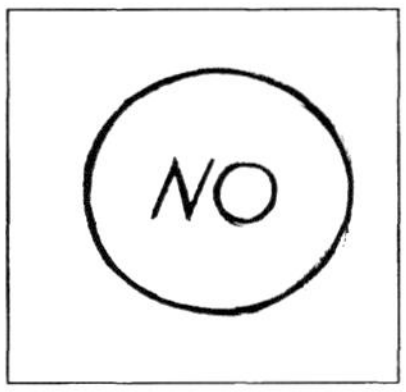

NO

79

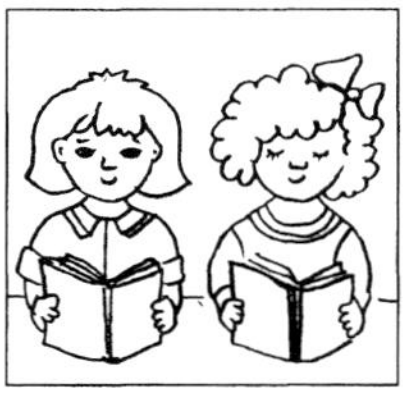

3

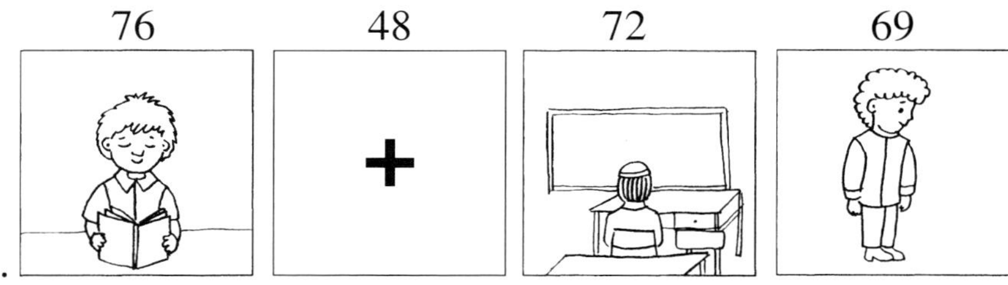

4

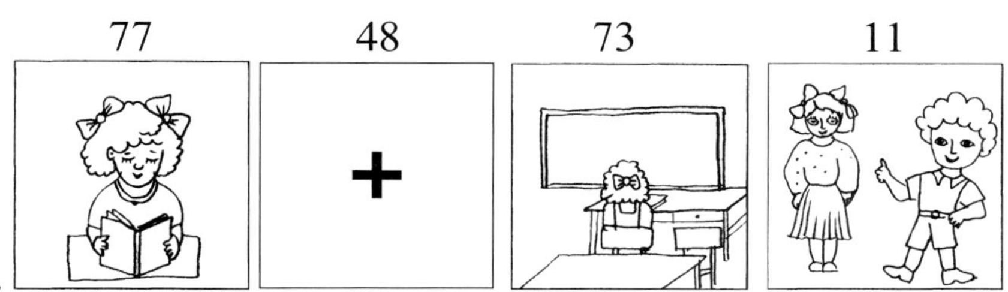

Zuordnung

Substantiv

m. pl.	*m.*
s. 14) יָמִים	יוֹם

Verb

f. pl.	*m. pl.*	*f.*	*m.*
לוֹמְדוֹת	לוֹמְדִים	לוֹמֶדֶת	לוֹמֵד
קוֹרְאוֹת	קוֹרְאִים	קוֹרֵאת	קוֹרֵא

Sprachen	*Eigennamen* *m.*	*Pers.Pron.Dativ*
s. 12) אַנְגְּלִית	אַמְנוֹן	3. m. sg. לוֹ
s. 12) גֶּרְמָנִית		

14) Bei dem Wort יוֹם = Tag verändert sich der Vokal O im Plural zu A: יָמִים

Lerneinheit 3.4

Vokal u

Der Vokal **u** wird mit den folgenden Zeichen dargestellt:

Beide **u** mittlerer Länge

u = □ֻ

u = □וּ

Beispiel

hu = הוּ = הֻ

ju = יוּ = יֻ

tu = תוּ = תֻ

Leseübung 1

אֻ אוּ גֻ גוּ דֻ דוּ הֻ הוּ וֻ ווּ יֻ יוּ לֻ לוּ מֻ מוּ נֻ נוּ קֻ קוּ רֻ רוּ תֻ תוּ

Leseübung 2

אֻ תוּ רֻ גוּ קֻ דוּ נוּ הוּ מֻ ווּ לֻ יוּ יֻ לוּ אוּ וֻ הֻ מוּ דֻ קוּ נֻ גֻ רוּ תֻ

Wörter

dt.	*Umschrift*	*hebr.*
Elijahu, m.	elijáhu	אֵלִיָּהוּ
wir, 1. m. + f. pl.	anáchnu	אֲנַחְנוּ
er, 3. m. sg.	hu	הוּא
Ungarn	hungária	הוּנְגַּרְיָה
ungarisch	hungárit	הוּנְגָּרִית
Jehuda, m.	jehuda	יְהוּדָה
Wasserkessel	kumkum	קוּמְקוּם
Ruth, f.	rut	רוּת
Bild	tmuna	תְּמוּנָה

Wort und Bild

88

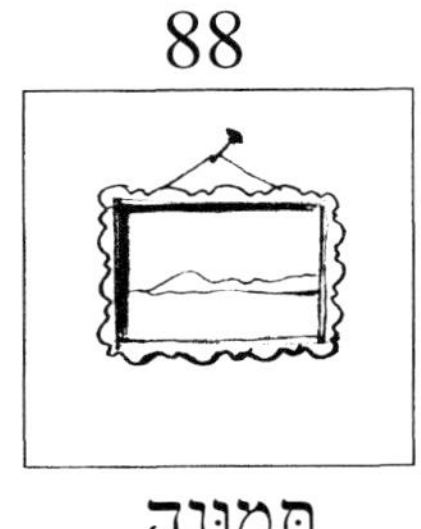

תְּמוּנָה

Verbinde die Buchstaben sinnvoll miteinander:

אֵלִיָּ נָה

תְּמוּ ת

רוּ הוּ

אֲנַחְ א

הוּ יָה

הוּנְגָּרְ קוּם

קוּמְ נוּ

הוּנְגַּרְ דָה

יְהוּ ית

Lesen und Verstehen

אֲנִי וְאֵלִיָּהוּ לֹא קוֹרְאִים הוּנְגָּרִית.
אֲנַחְנוּ לֹא מֵהוּנְגַּרְיָה.

יְהוּדָה יֶלֶד.
הוּא לֹא קוֹרֵא אַנְגְּלִית.

לְאֵלִיָּהוּ קוּמְקוּם מֵאַנְגְּלִיָּה.

לְרוּת תְּמוּנָה מֵהוּנְגַּרְיָה.

Forme Sätze aus den Bilderketten.

1

11 48 61 82

\+

62

.

2

Zuordnung

Substantiv

f. pl.	*m. pl.*	*f.*	*m.*
	קוּמְקוּמִים		קוּמְקוּם
תְּמוּנוֹת		תְּמוּנָה	

Personalpronomen

אֲנַחְנוּ
הוּא

Sprachen	*Ortsnamen*	*Eigennamen* *f.*	*Eigennamen* *m.*
הוּנְגָּרִית	הוּנְגַּרְיָה	רוּת	אֵלִיָּהוּ
			יְהוּדָה

Lerneinheit 4.1

Buchstaben

(Vet) ב	(Bet) בּ

בּ = b

ב = v

Leseübung 1

בָּ בַּ בְּ בִּ בִּי בֶּ בֵּ בֹּ בּוֹ בֱּ בּוּ

בָ בַ בְ בִ בִי בֶ בֵ בֹ בוֹ בֱ בוּ

Leseübung 2

בוּ בָּ בּוֹ בּוּ בִי בֶּ בְּ בִּ בֱ בָ בִּי בְ בֹ בֶּ בַ בֹּ בֱּ בִ בֵּ בֵ
בַּ בוֹ

Wörter

dt.	*Umschrift*	*hebr.*
Vater	ába	אַבָּא
Abraham, m.	avraham	אַבְרָהָם
kommt, m. sg.	ba	בָּא
kommt, f. sg.	ba'a	בָּאָה
kommen, m. pl.	ba'im	בָּאִים
kommen, f. pl.	ba'ot	בָּאוֹת
Bulgarien	bulgária	בּוּלְגַרְיָה
Belgien	bélgia	בֶּלְגִיָּה
Binjamin, m.	binjamin	בִּנְיָמִין
Dvorah, f.	dvora	דְּבוֹרָה
spricht, m. sg.	medaber	מְדַבֵּר
spricht, f. sg.	medabéret	מְדַבֶּרֶת
sprechen, m. pl.	medabrim	מְדַבְּרִים
sprechen, f. pl.	medabrot	מְדַבְּרוֹת
Rifka, f.	rivka	רִבְקָה

Wort und Bild

93 בָּאִים

94 בָּאוֹת

95 בּוּלְגַרְיָה

96 בֶּלְגְיָה

97 בִּנְיָמִין

98 דְּבוֹרָה

99 מְדַבֵּר

100 מְדַבֶּרֶת

101 מְדַבְּרִים

102 מְדַבְּרוֹת

103 רִבְקָה

Verbinde die Buchstaben sinnvoll miteinander:

אַ   קָה

רִבְ   בָּא

אַבְרָ   רוֹת

מְדַבְּ   אוֹת

בָּ   הָם

בָּ   רִים

בָּ   אָה

מְדַבְּ   א

מְדַ   אִים

בָּ   בֵּר

בּוּלְ	בֶּרֶת
מְדַ	יָמִין
דְּבוֹ	גַּרְיָה
בִּנְ	גִּיָּה
בֶּלְ	רָה

Lesen und Verstehen

Steht am Anfang eines Wortes ein Vav mit einem Punkt in der Mitte, so wird Vav wie **u** ausgesprochen, wie im Beispiel unten, s. auch Anhang 3, Nr.11.

דְּבוֹרָה וְרִבְקָה בָּאוֹת מִבֶּלְגִיָּה וּמְדַבְּרוֹת בֶּלְגִית.

אַבְרָהָם וּבִנְיָמִין בָּאִים מִבּוּלְגַרְיָה וּמְדַבְּרִים
בּוּלְגָּרִית.

לְאַבְרָהָם אַבָּא מֵהוּנְגַּרְיָה.
הוּא מְדַבֵּר הוּנְגָּרִית.

לִדְבוֹרָה אִמָּא מֵאַנְגְּלִיָּה.
הִיא מְדַבֶּרֶת גַּם אַנְגְּלִית.

אַבְרָהָם בָּא לְבִנְיָמִין.

דְּבוֹרָה בָּאָה לְרִבְקָה.

Forme Sätze aus den Bilderketten.

1

26 93  37  3

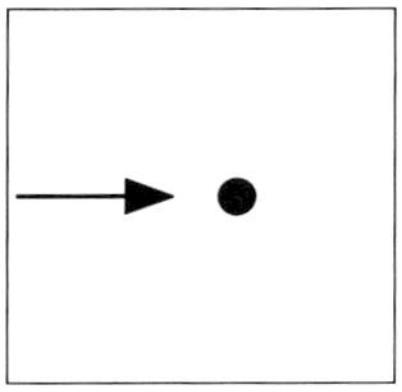

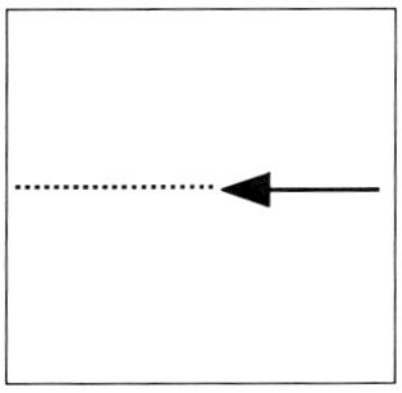

89  48  9

.

2

60 103  48  98

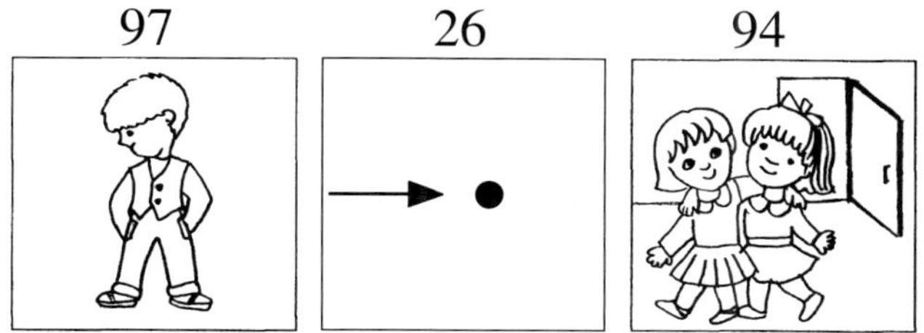

Zuordnung

Substantiv

m. pl.	*m.*
s. 15) אָבוֹת	אַבָּא

Verb

f. pl.	*m. pl.*	*f.*	*m.*
בָּאוֹת	בָּאִים	בָּאָה	בָּא
מְדַבְּרוֹת	מְדַבְּרִים	מְדַבֶּרֶת	מְדַבֵּר

Ortsnamen	*Eigennamen f.*	*Eigennamen m.*
בּוּלְגַרְיָה	דְּבוֹרָה	אַבְרָהָם
בֶּלְגְיָה	רִבְקָה	בִּנְיָמִין

15) Einige maskuline Substantive haben ausnahmsweise die Endung וֹת.... : אָב = Vater, אָבוֹת = Väter.
Einige feminine Substantive haben ausnahmsweise die Endung ים.... : בֵּיצָה = Ei , בֵּיצִים = Eier.

Lerneinheit 4.2

Wörter

dt.	*Umschrift*	*hebr.*
in	be	s. 16) ....בְּ
Haus	bájit	בַּיִת
weiß, m.	lavan	לָבָן
weiß, f.	levana	לְבָנָה
Handtuch	magévet	מַגֶּבֶת

16) Die Präposition **IN, AN** besteht aus dem Buchstaben Bet und Schva und wird dem Wort vorangestellt: בְּ . (Nähere Erläuterungen s. Anhang 3)

Wort und Bild

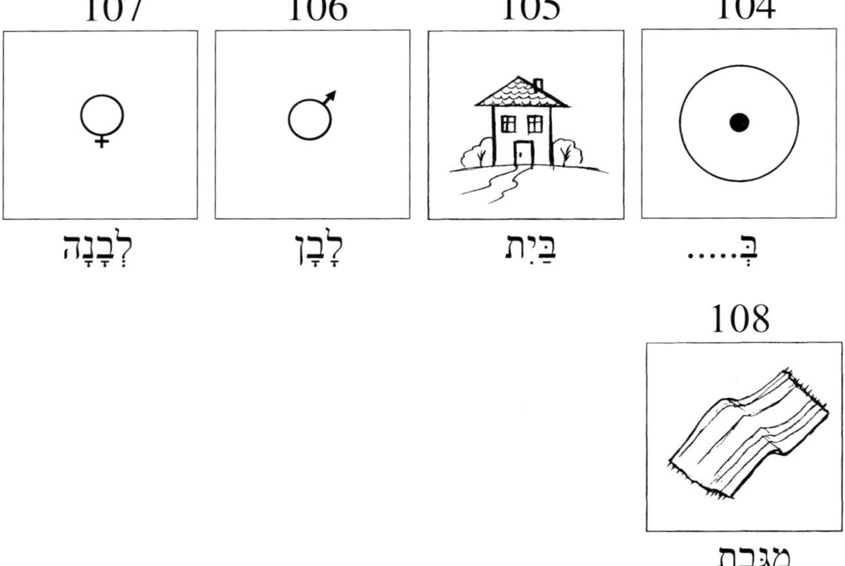

Verbinde die Buchstaben sinnvoll miteinander:

בַּ	נָה
לְבָ	.....
לָ	יִת
בְּ	בֶת
מַגֶּ	בָן

Lesen und Verstehen

לְרִבְקָה בַּיִת בְּבֶּלְגִּיָּה.

לִדְבוֹרָה מַגֶּבֶת לְבָנָה.

לְבִנְיָמִין יַיִן לָבָן בַּבַּיִת.

Forme Sätze aus den Bilderketten.

1

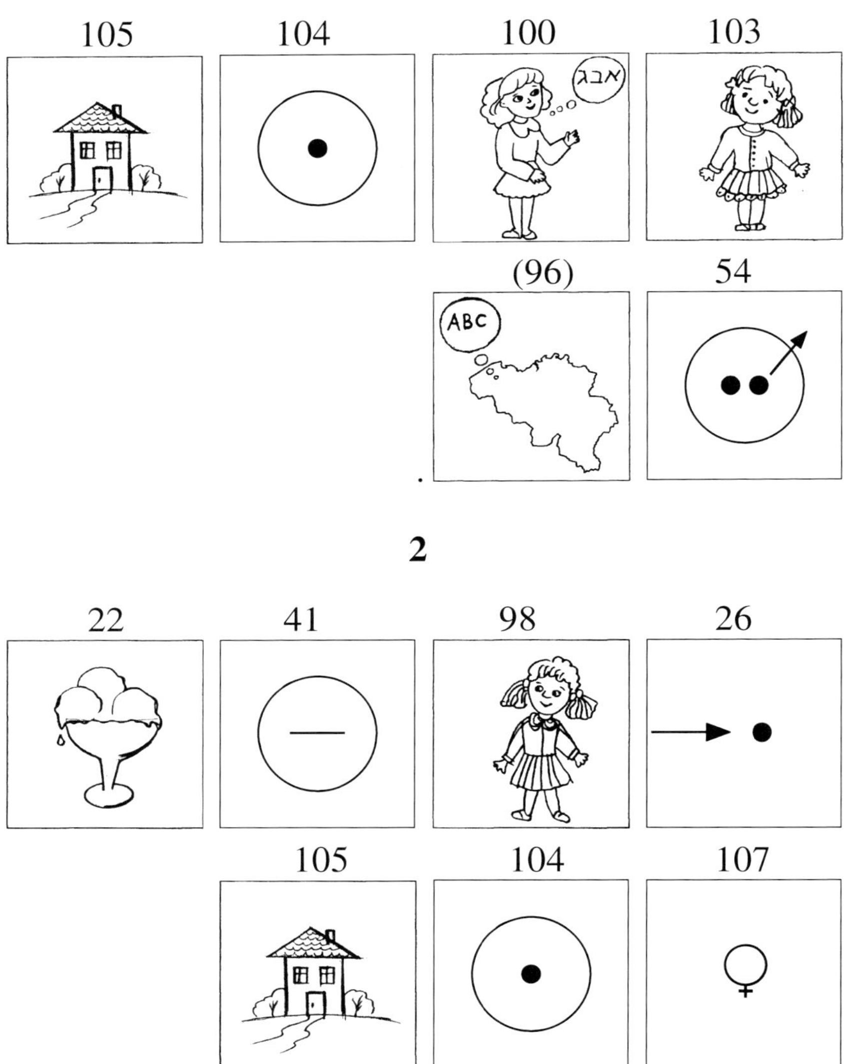

Zuordnung

Substantiv

f. pl.	*m. pl.*	*f.*	*m.*
	בָּתִּים		בַּיִת
מַגָּבוֹת		מַגֶּבֶת	

Präposition	*Adjektiv* *f.*	*m.*
בְּ.....	לְבָנָה	לָבָן

Lerneinheit 4.3

Buchstaben

(Chaf sofit) ך	(Chaf) כ	(Kaf) כּ

k = כּ

ch wie in Bach   ch = כ

nur am Ende eines Wortes   ch = ך

Leseübung 1

כָּ כַּ כְּ כִּ כִּי כֶּ כֵּ כֹּ כּוֹ כֻּ כּוּ

כָ כַ כְ כִ כִי כֶ כֵ כֹ כוֹ כֻ כוּ

Leseübung 2

כֹ כֻּ כֵּ כוֹ כֻ כִי כוּ כָּ כֶ כַּ כְּ כִּ כְ כִּי כָ כֶּ כִ כֹּ כּוֹ כֵ כַ
כּוּ

Wörter

dt.	Umschrift	hebr.
isst, m. sg.	óchel	אוֹכֵל
isst, f. sg.	ochélet	אוֹכֶלֶת
essen, m. pl.	ochlim	אוֹכְלִים
essen, f. pl.	ochlot	אוֹכְלוֹת
Schwimmbad	brecha	בְּרֵכָה
geht, m. sg.	holech	הוֹלֵךְ
geht, f. sg.	holéchet	הוֹלֶכֶת
gehen, m. pl.	holchim	הוֹלְכִים
gehen, f. pl.	holchot	הוֹלְכוֹת
weil	ki	כִּי
jeder, alles, alle	kol	כָּל s. 3)
Sandwich	karich	כָּרִיךְ
Sandwiches	krichim	כְּרִיכִים
Karmi, m.	karmi	כַּרְמִי
Michal, f.	michal	מִיכַל

Wort und Bild

112	111	110	109
אוֹכְלוֹת	אוֹכְלִים	אוֹכֶלֶת	אוֹכֵל

113
בְּרֵכָה
114
הוֹלֵךְ
115
הוֹלֶכֶת
116
הוֹלְכִים
117
הוֹלְכוֹת
118
כִּי
119
כָּל
120
כָּרִיךְ
121
כְּרִיכִים
122
כַּרְמִי
123
מִיכַל

Verbinde die Buchstaben sinnvoll miteinander:

מִי	לִים
אוֹכֵ	כַל
כַּרְ	לֶת
אוֹכֶ	מִי
כָּ	ל
אוֹכְ	רִיךְ
כְּרִי	לוֹת
אוֹכְ	כִים
הוֹ	כָה
בְּרֵ	לֵךְ
כָּ	ל

הוֹלֶ כֶת

כְּ כִים

הוֹלְ כוֹת

הוֹלְ י

Lesen und Verstehen

כָּל הַיְּלָדִים הוֹלְכִים לַבְּרֵכָה.
הֵם אוֹכְלִים כְּרִיכִים.

לָמָּה כַּרְמִי לֹא אוֹכֵל בַּבַּיִת ?
כַּרְמִי לֹא אוֹכֵל בַּבַּיִת כִּי הוּא הוֹלֵךְ לַבְּרֵכָה.

דְּבוֹרָה וּמִיכַל לֹא הוֹלְכוֹת לַבְּרֵכָה.
הֵן אוֹכְלוֹת בַּבַּיִת.

לָמָּה מִיכַל לֹא הוֹלֶכֶת לְכַרְמִי ?
מִיכַל לֹא הוֹלֶכֶת לְכַרְמִי כִּי הוּא לֹא בַּבַּיִת.

מִיכַל אוֹכֶלֶת כָּל יוֹם כָּרִיךְ.

Forme Sätze aus den Bilderketten.

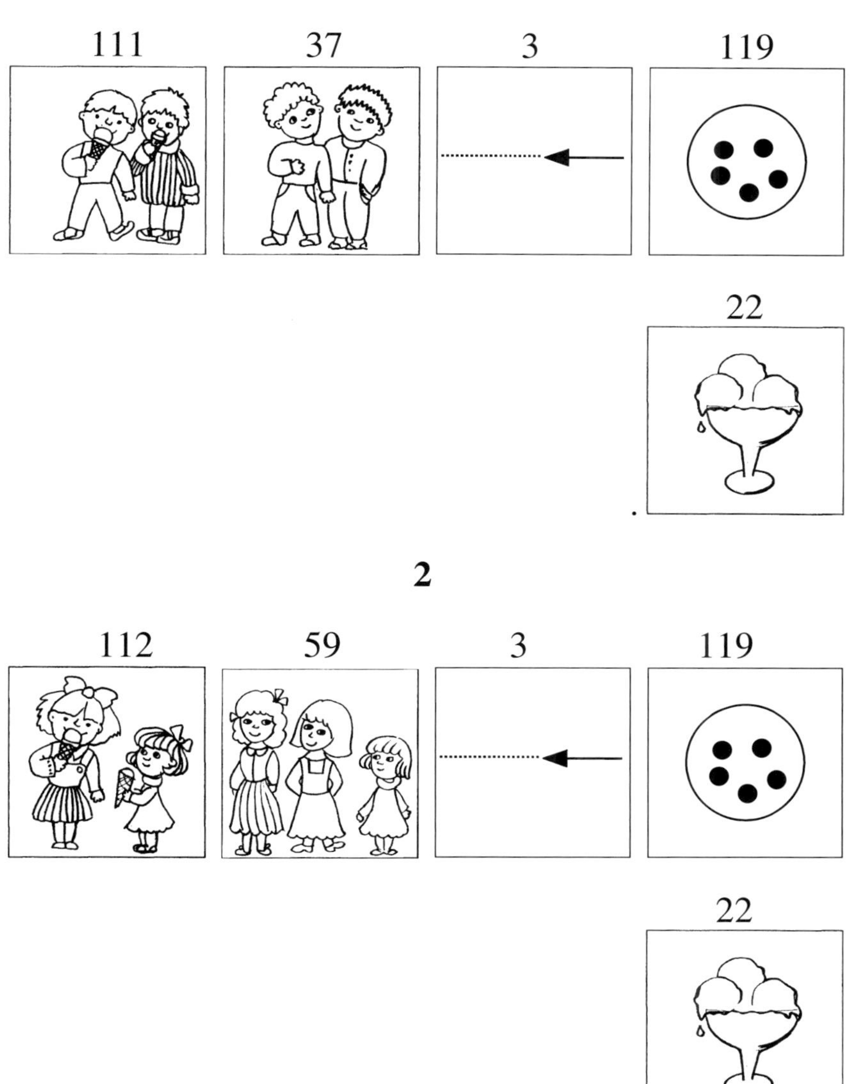

Zuordnung

Substantiv

f. pl.	*m. pl.*	*f.*	*m.*
בְּרֵכוֹת		בְּרֵכָה	
	כְּרִיכִים		כָּרִיךְ

Verb

f. pl.	*m. pl.*	*f.*	*m.*
אוֹכְלוֹת	אוֹכְלִים	אוֹכֶלֶת	אוֹכֵל
הוֹלְכוֹת	הוֹלְכִים	הוֹלֶכֶת	הוֹלֵךְ

Eigennamen *f.*	*m.*	*Konjunktion*	*Hilfswörter*
מִיכַל	כַּרְמִי	כִּי	כָּל

Lerneinheit 4.4

Wörter

dt.	*Umschrift*	*hebr.*
Klasse	kita	כִּתָּה
wie	kemo	כְּמוֹ
ja, doch	ken	כֵּן

Wort und Bild

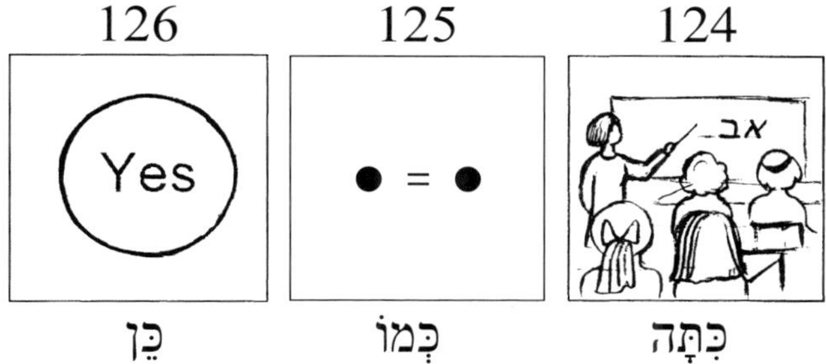

Verbinde die Buchstaben sinnvoll miteinander:

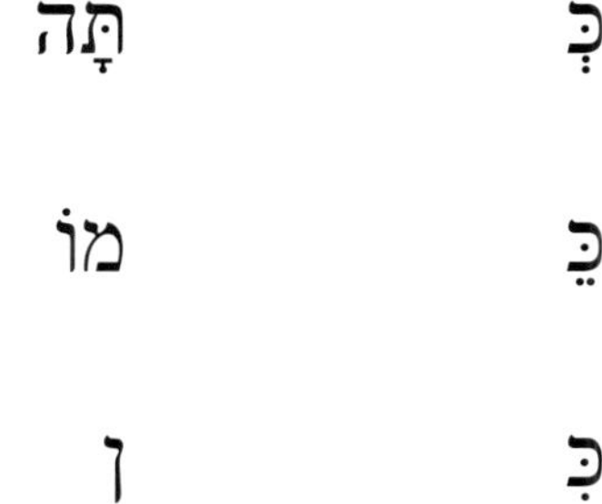

Lesen und Verstehen

אַתָּה כַּרְמִי ?
כֵּן אֲנִי כַּרְמִי.

מִיכַל תַּלְמִידָה ?
כֵּן הִיא תַּלְמִידָה.

כַּרְמִי לֹא אוֹכֵל בַּכִּתָּה כְּמוֹ מִיכַל.
הוּא אוֹכֵל רַק בַּבַּיִת.

Forme Sätze aus den Bilderketten.

1

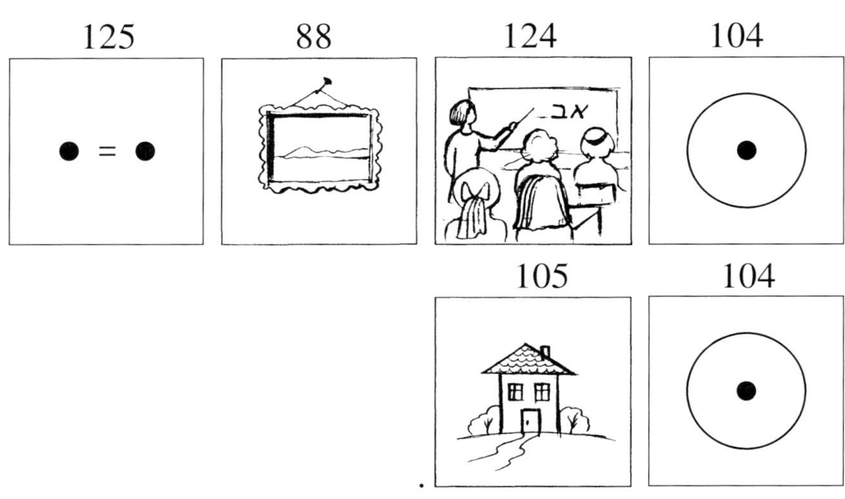

2

Zuordnung

Bejahung	Vergleich	Substantiv f. pl.	f.
כֵּן	כְּמוֹ	כִּתּוֹת	כִּתָּה

Lerneinheit 4.5

(Fe sofit) ף	(Fe) פ	(Pe) פּ

p = פּ

f = פ

nur am Ende eines Wortes f = ף

Leseübung 1

פָּ פַּ פְּ פִּ פִּי פֶּ פֵּ פֹּ פּוֹ פֻּ פּוּ

פָ פַ פְ פִ פִי פֶ פֵ פֹ פוֹ פֻ פוּ

Leseübung 2

פִּי פָּ פּוֹ פֻּ פּוּ פַ פְּ פִ פֶּ פִי פֹּ פֶ פָּ פֵ פִּ פֹ פֵּ פוֹ פֻ פְ
פַּ פּוּ

Wörter

dt.	*Umschrift*	*hebr.*
Wo?	éifo	אֵיפֹה
Nase	af	אַף
Efraim, m.	efrájim	אֶפְרַיִם
schön, m.	jafe	יָפֶה
schön, f.	jafa	יָפָה
Dorf	kfar	כְּפָר
Tischdecke	mapa	מַפָּה
hier	po	פֹּה
Mund	pe	פֶּה
Pnina, f.	pnina	פְּנִינָה
Kuh	para	פָּרָה
Schmetterling	parpar	פַּרְפַּר
Kuhstall	réfet	רֶפֶת

Wort und Bild

139

רֶפֶת

Verbinde die Buchstaben sinnvoll miteinander:

רֶ	פֹה
אֵי	פֶת
אַ	יִם
אֶפְרַ	ף
פַּרְ	רָה
יָ	פָה
פָּ	פַּר
יָ	פֶה
כְּ	פָּה
פֶּ	פָר
מַ	ה

פֹּ נָה

פְּנִי ה

Lesen und Verstehen

אֵיפֹה הַפָּרָה ?
הַפָּרָה בָּרֶפֶת.

לְאֶפְרַיִם פֶּה וְאַף.

לִפְנִינָה מַפָּה יָפָה בַּבַּיִת.

הַפַּרְפַּר הַיָּפֶה בָּא מֵהַכְּפָר.

אֶפְרַיִם לֹא פֹּה.
הוּא בַּבַּיִת.

Forme Sätze aus den Bilderketten.

1

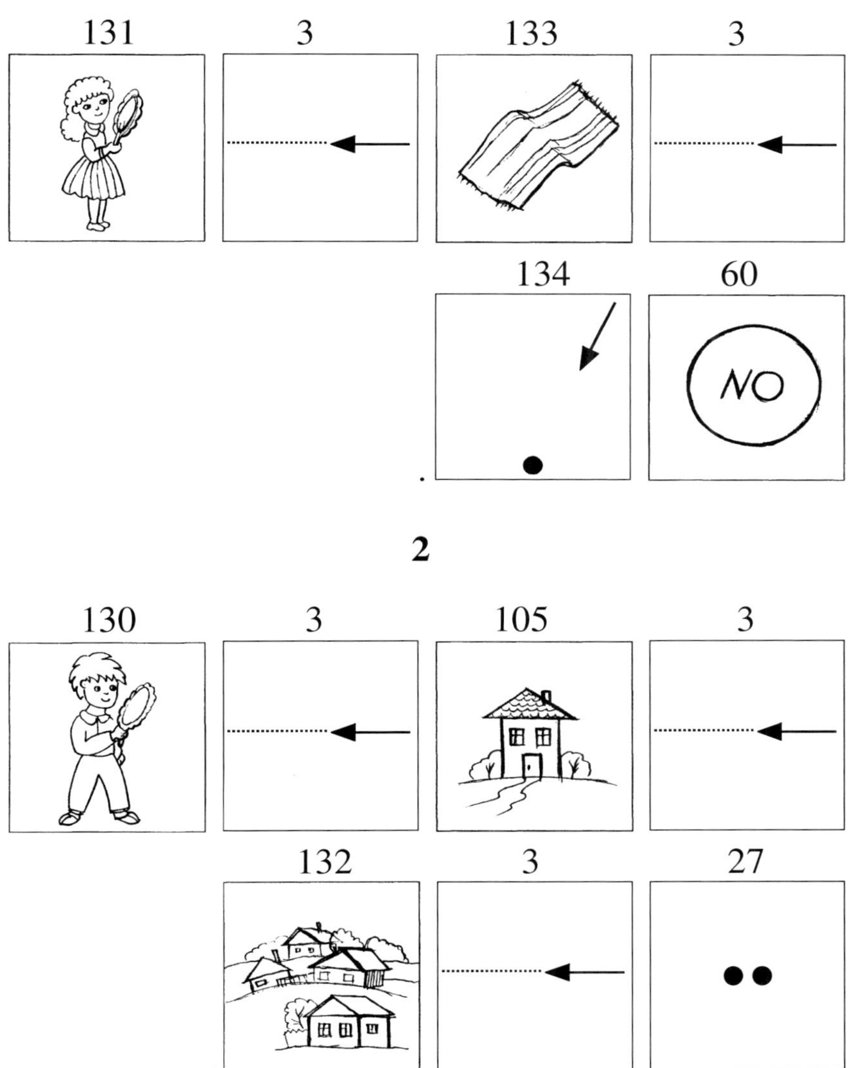

Zuordnung

Substantiv

f. pl.	*m. pl.*	*f.*	*m.*
	אַפִּים		אַף
	כְּפָרִים		כְּפָר
מַפּוֹת		מַפָּה	
	s. 17) 15) פִּיּוֹת		פֶּה
פָּרוֹת		פָּרָה	
	פַּרְפָּרִים		פַּרְפַּר
רְפָתוֹת		רֶפֶת	

Fragewörter	*Adjektiv f.*	*m.*
אֵיפֹה	יָפָה	יָפֶה

Eigennamen f.	*m.*	*Adverb*
פְּנִינָה	אֶפְרַיִם	פֹּה

17. Lautet ein Wort am Ende auf A oder E aus, muß He geschrieben werden: פֶּה Mund.
Aber:
Lautet das Wort auf einen anderen Vokal aus, kann das He wegfallen: פִּיּוֹת Münder.

Lerneinheit 5.1

Buchstaben

(Ssin) שׂ	(Schin) שׁ

sch wie in schön sch = שׁ

ss wie in essen s = שׂ

Leseübung 1

שָׁ שַׁ שְׁ שִׁ שִׁי שֶׁ שֵׁ שׁ שׁוֹ שֱׁ שׁוּ

שָׂ שַׂ שְׂ שִׂ שִׂי שֶׂ שֵׂ שֹׂ שׂוֹ שֱׂ שׂוּ

Leseübung 2

שׁ שׁוֹ שׁוּ שָׂ שְׁ שַׂ שְׂ שָׁ שִׂ שֱׁ שִׂי שֵׁ שֶׂ שֵׂ שִׁ
שֹׂ שׂוֹ שַׁ שֱׂ שֶׁ שׂוּ שִׁי

Wörter

dt.	*Umschrift*	*hebr.*
Fleisch	bassar	בָּשָׂר
es gibt	jesh	יֵשׁ
alt, m.	jashan	יָשָׁן
alt, f.	jeshana	יְשָׁנָה
Israel	jisrael	יִשְׂרָאֵל
kocht, m. sg.	mevashel	מְבַשֵׁל
kocht, f. sg.	mevashélet	מְבַשֶׁלֶת
kochen, m. pl.	mevashlim	מְבַשְׁלִים
kochen, f. pl.	mevashlot	מְבַשְׁלוֹת
Mosche, m.	moshe	מֹשֶׁה
Samstag	shabat	שַׁבָּת
Schoschana,f.	shoshana	שׁוֹשַׁנָּה
von	shel	שֶׁל
Frieden; Hallo, Tschüss	shalom	שָׁלוֹם
Schlomo, m.	shlomo	שְׁלֹמֹה
dort	sham	שָׁם
Kleid	ssimla	שִׂמְלָה
Sarah, f.	ssara	שָׂרָה

Wort und Bild

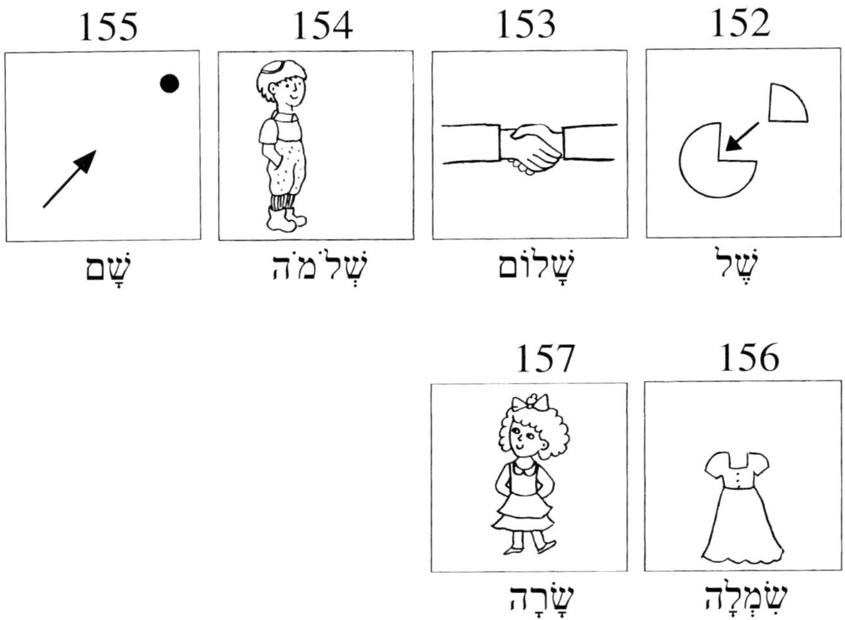
152
שֶׁל
153
שָׁלוֹם
154
שְׁלֹמֹה
155
שָׁם
156
שִׂמְלָה
157
שָׂרָה

Verbinde die Buchstaben sinnvoll miteinander:

לוֹת	בָּ
שֵׁל	יֵ
שָׂר	מְבַשְּׁ
שׁ	מְבַ
ן	יִשְׂרָ
נָה	יָשָׁ
אֵל	יְשָׁ
לֶת	מְבַשֶּׁ
בָּת	מֹ
שֶׁה	שַׁ

מְבַשְׁ לִים

שׁוֹ ל

שְׁלֹ ם

שֶׁ מֹה

שָׁ שַׁנָּה

שִׁמְ רָה

שָׂ לָה

שָׁל וֹם

Lesen und Verstehen

שׁוֹשַׁנָּה וְשָׂרָה מְבַשְּׁלוֹת בָּשָׂר.

בַּבַּיִת שֶׁל מֹשֶׁה לֹא מְבַשְּׁלִים בְּשַׁבָּת. (s. 18)

שׁוֹשַׁנָּה מְבַשֶּׁלֶת כָּל יוֹם.

מֹשֶׁה לֹא מְבַשֵּׁל כְּמוֹ שׁוֹשַׁנָּה.

לְשָׂרָה יֵשׁ שִׂמְלָה יְשָׁנָה.

לְמֹשֶׁה יֵשׁ בַּיִת יָשָׁן.

הַבַּיִת שֶׁל מֹשֶׁה בְּיִשְׂרָאֵל.

אֵיפֹה שְׁלֹמֹה ?
שְׁלֹמֹה שָׁם.

שַׁבָּת שָׁלוֹם שָׂרָה.

18) Die unpersönliche Verbform „man“ hat kein Subjekt und steht im Plural maskulin: מְבַשְּׁלִים

Forme Sätze aus den Bilderketten.

1

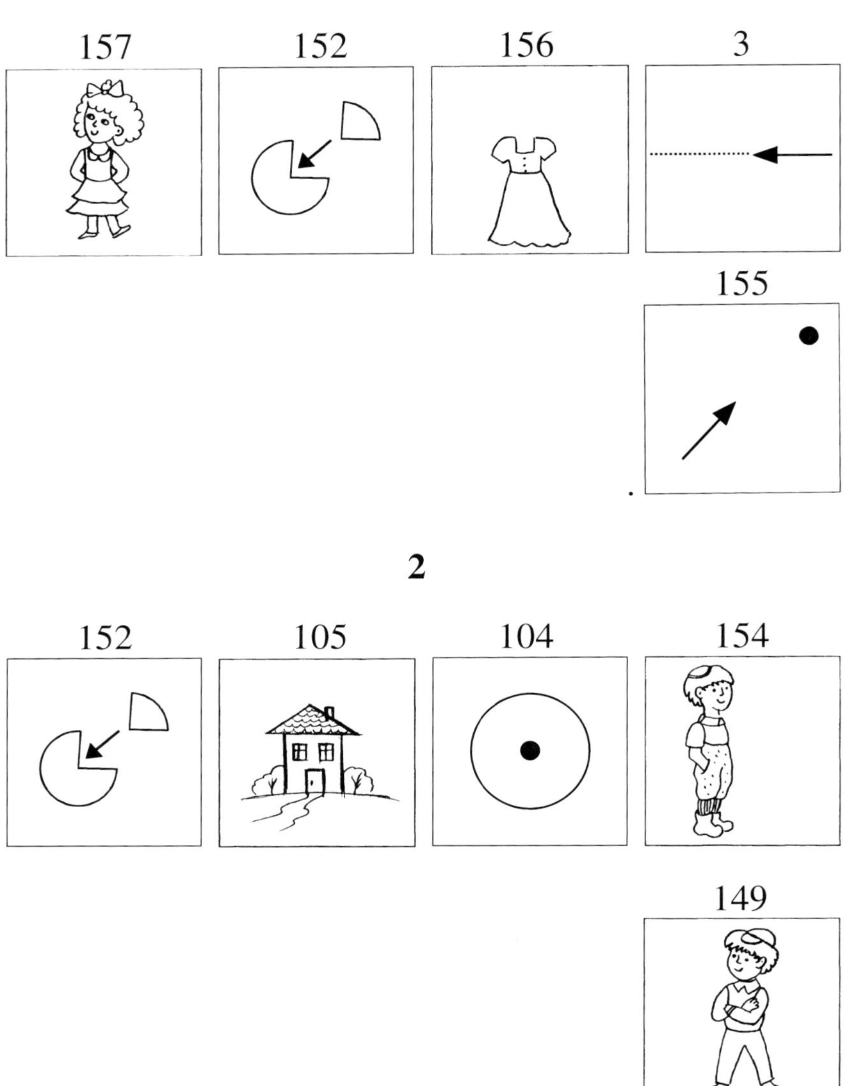

3

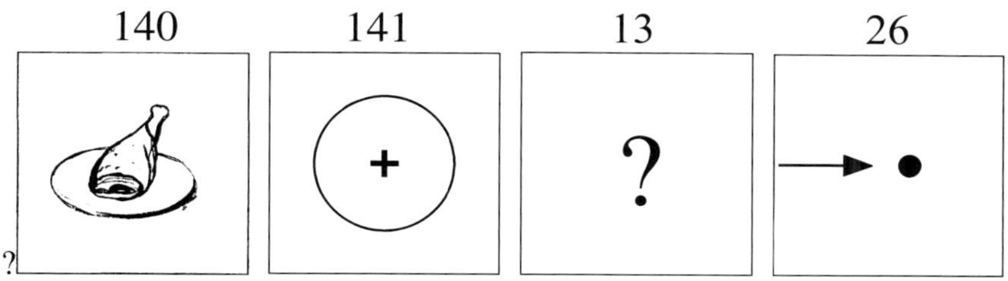

Zuordnung

Substantiv

f. pl.	*m. pl.*	*f.*	*m.*
	בְּשָׂרִים		בָּשָׂר
שַׁבָּתוֹת		שַׁבָּת	
	שְׁלוֹמוֹת (s.15)		שָׁלוֹם
שְׂמָלוֹת		שִׂמְלָה	

Verb

f. pl.	*m. pl.*	*f.*	*m.*
מְבַשְּׁלוֹת	מְבַשְּׁלִים	מְבַשֶּׁלֶת	מְבַשֵּׁל

Ausdruck	*Präposition*	*Adjektiv* *f.*	*Adjektiv* *m.*
יֵשׁ	שֶׁל	יְשָׁנָה	יָשָׁן

Adverb	*Ortsnamen*	*Eigennamen* *f.*	*Eigennamen* *m.*
שָׁם	יִשְׂרָאֵל	שׁוֹשַׁנָּה	מֹשֶׁה
		שָׂרָה	שְׁלֹמֹה

Lerneinheit 5.2

Buchstaben

(Ajin) ע

stumm; erhält seinen Laut nur durch einen Vokal, Kehllaut = ע

Leseübung

עָ עַ עֲ עִ עִי עֶ עֵ עֱ עֹ עוֹ עֻ עוּ

Wörter

dt.	*Umschrift*	*hebr.*
Jael, f.	jael	יָעֵל
Jakov, m.	ja'akov	יַעֲקֹב
Arbeit	avoda	עֲבוֹדָה
Hebräisch	ivrit	עִבְרִית
Kuchen	uga	עוּגָה
auf, über	al	עַל
Anat, f.	anat	עֲנָת
mit	im	עִם
Zeitung	iton	עִתּוֹן
Unterricht	shiur	שִׁעוּר

Wort und Bild

Verbinde die Buchstaben sinnvoll miteinander:

שִׁ   עֵל

יָ   עוּר

יַעֲ   תּוֹן

עִ   דָה

עֲבוֹ   קֹב

עִ   רִית

עִבְ   ם

עֲנָ   גָה

עוּ   ל

עַ   ת

Lesen und Verstehen

עֲנָת אוֹכֶלֶת עוּגָה עִם יָעֵל.

יַעֲקֹב לֹא הוֹלֵךְ הַיּוֹם לָעֲבוֹדָה.
יֵשׁ לוֹ שִׁעוּר עִבְרִית.

עַל הַמַּפָּה יֵשׁ עִתּוֹן.

Forme Sätze aus den Bilderketten.

1

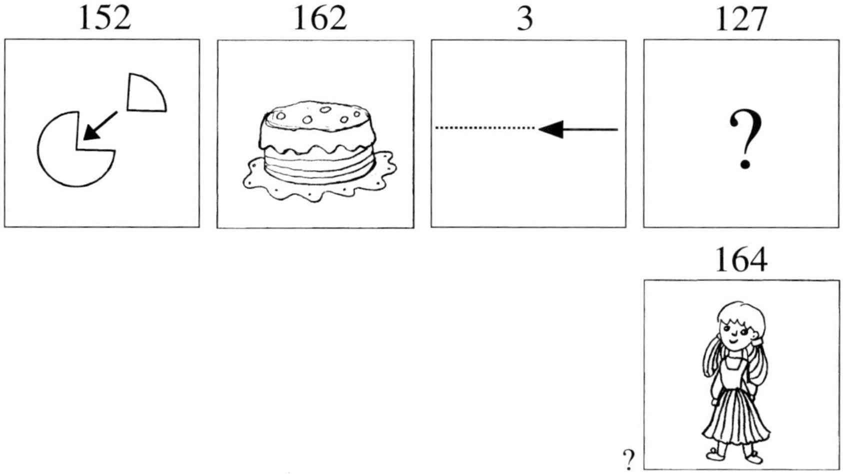

152 162 3 127

?

164

?

2

Zuordnung

Substantiv

f. pl.	*m. pl.*	*f.*	*m.*
עֲבוֹדוֹת		עֲבוֹדָה	
עוּגוֹת		עוּגָה	
	עִתּוֹנִים		עִתּוֹן
	שִׁעוּרִים		שִׁעוּר

Sprachen	*Eigennamen* *f.*	*m.*	*Präposition*
עִבְרִית	יָעֵל	יַעֲקֹב	עַל
	עֲנָת		עִם

Lerneinheit 5.3

Buchstaben

(Chet) ח

ch = ח

Leseübung

חָ חַ חֲ חְ חִ חִי חֶ חֵ חֱ חֹ חוֹ חוּ חֻ

Wörter

dt.	*Umschrift*	*hebr.*
Zimmer	chéder	חֶדֶר
krank, m.	chole	חוֹלֶה
krank, f.	chola	חוֹלָה
Chaim, m.	chájim	חַיִּים
Channa, f.	chána	חַנָּה
Heft	machbéret	מַחְבֶּרֶת
spielt, m. sg.	messachek	מְשַׂחֵק
spielt, f. sg.	messachéket	מְשַׂחֶקֶת
spielen, m. pl.	messachakim	מְשַׂחֲקִים
spielen, f. pl.	messachakot	מְשַׂחֲקוֹת
Strasse	rechov	רְחוֹב
Rachel, f.	rachel	רָחֵל
Tisch	shulchan	שֻׁלְחָן

Wort und Bild

Verbinde die Buchstaben sinnvoll miteinander:

שֶׁלְ	דֶר
חוֹ	חֵל
חֶ	חָן
רָ	לֶה
רְחוֹ	לָה
חוֹ	רֶת
חַיִי	ב
מְשַׁחֶ	ם
חַ	חֵק
מַחְבֶּ	קֶת
מְשַׁ	נָּה

מְשַׂ   קוֹת

מְשַׂ   חֲקִים

Lesen und Verstehen

הַיְלָדִים מְשַׂחֲקִים בָּרְחוֹב.

הַיְלָדוֹת מְשַׂחֲקוֹת בַּחֶדֶר.

עַל הַשֻּׁלְחָן שֶׁל רָחֵל יֵשׁ מַחְבֶּרֶת.

רָחֵל לֹא הוֹלֶכֶת לָעֲבוֹדָה בַּחַג.

חַיִּים חוֹלֶה.
הוּא לֹא מְשַׂחֵק עִם הַיְלָדִים.

חָנָה לֹא חוֹלָה כְּמוֹ חַיִּים.
הִיא מְשַׂחֶקֶת בַּחֶדֶר עִם הַיְלָדוֹת.

Forme Sätze aus den Bilderketten.

1

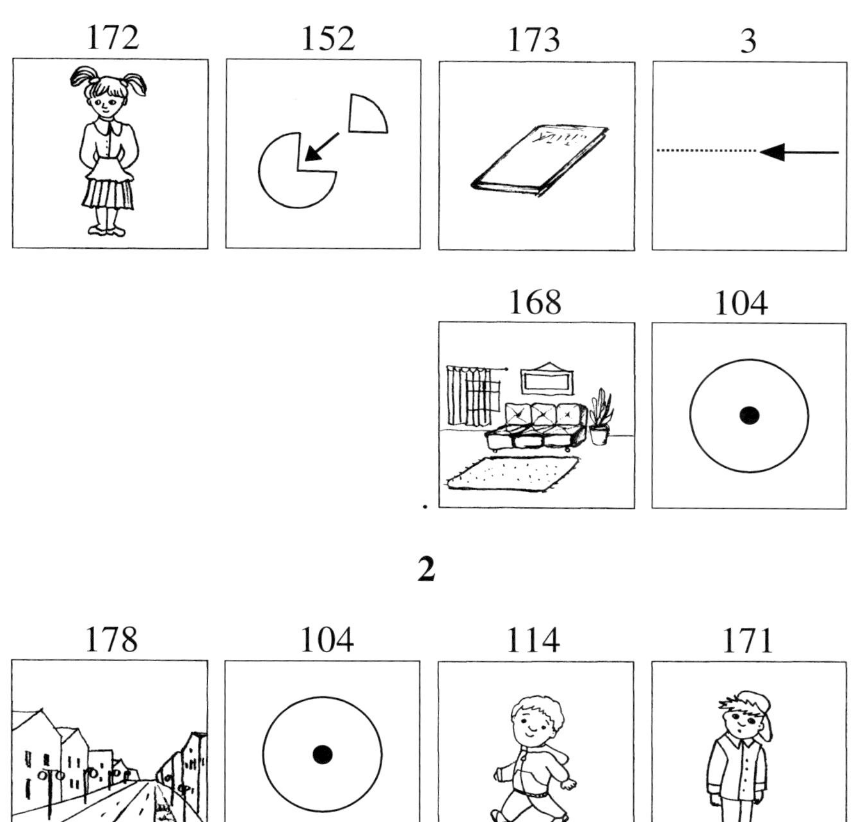

Zuordnung

Substantiv

f. pl.	*m. pl.*	*f.*	*m.*
	חֲדָרִים		חֶדֶר
מַחְבָּרוֹת		מַחְבֶּרֶת	
	רְחוֹבוֹת (s.15)		רְחוֹב
	שֻׁלְחָנוֹת (s.15)		שֻׁלְחָן

Verb

f. pl.	*m. pl.*	*f.*	*m*
מְשַׂחֲקוֹת	מְשַׂחֲקִים	מְשַׂחֶקֶת	מְשַׂחֵק

Eigennamen		*Adjektiv*	
f.	*m.*	*f.*	*m.*
חַנָּה	חַיִּים	חוֹלָה	חוֹלֶה
רָחֵל			

Lerneinheit 5.4

Buchstaben

(Samech) ס

ss wie in essen　　s = ס

Leseübung

סָ סַ סְ סִ סִי סֶ סֵ סֹ סוֹ סֻ סוּ

Wörter

dt.	*Umschrift*	*hebr.*
Hadassa, f.	hadassa	הֲדַסָּה
Jossef, m.	jossef	יוֹסֵף
Geld	késsef	כֶּסֶף
Party	messiba	מְסִבָּה
fährt, m. sg.	nosséa	נוֹסֵעַ
fährt, f. sg.	nossá'at	נוֹסַעַת
fahren, m. pl.	noss'im	נוֹסְעִים
fahren, f. pl.	noss'ot	נוֹסְעוֹת
Opa	ssába	סַבָּא
Oma	ssávta	סַבְתָּא
Buch	sséfer	סֵפֶר
Bibliothek	ssifria	סִפְרִיָּה
Pinchas, m.	pinchass	פִּינְחָס

Wort und Bild

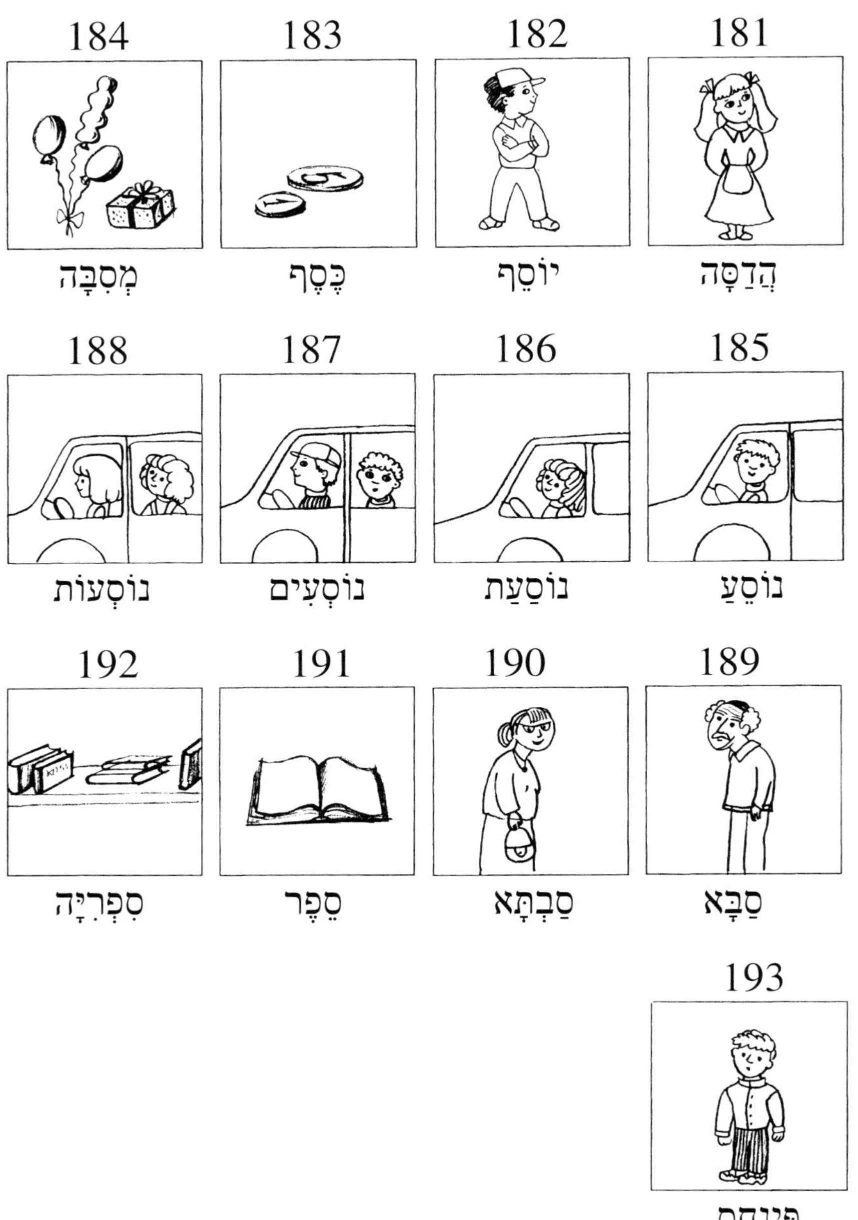

Verbinde die Buchstaben sinnvoll miteinander:

נוֹסְ	סָּה
הֱדַ	סֵף
יוֹ	סֶף
נוֹ	עִים
כֶּ	בָּא
סַ	סֵעַ
סֵ	בָּה
סִפְּ	סַעַת
מְסִ	פֶּר
נוֹ	רִיָּה

סַבְ עוֹת

נוֹסְ חָס

פִּינְ תָּא

Lesen und Verstehen

יוֹסֵף וּפִּינְחָס נוֹסְעִים לְסַבָּא וְסַבְתָּא.

הַיְּלָדוֹת נוֹסְעוֹת לַמְּסִבָּה.

הֲדַסָּה לֹא נוֹסַעַת לַמְּסִבָּה, כִּי אֵין לָהּ כֶּסֶף.

סַבָּא שֶׁל יוֹסֵף נוֹסֵעַ לַסִּפְרִיָּה.

עַל הַשֻּׁלְחָן שֶׁל סַבָּא יֵשׁ סֵפֶר.

Forme aus den Bilderketten Sätze.

1

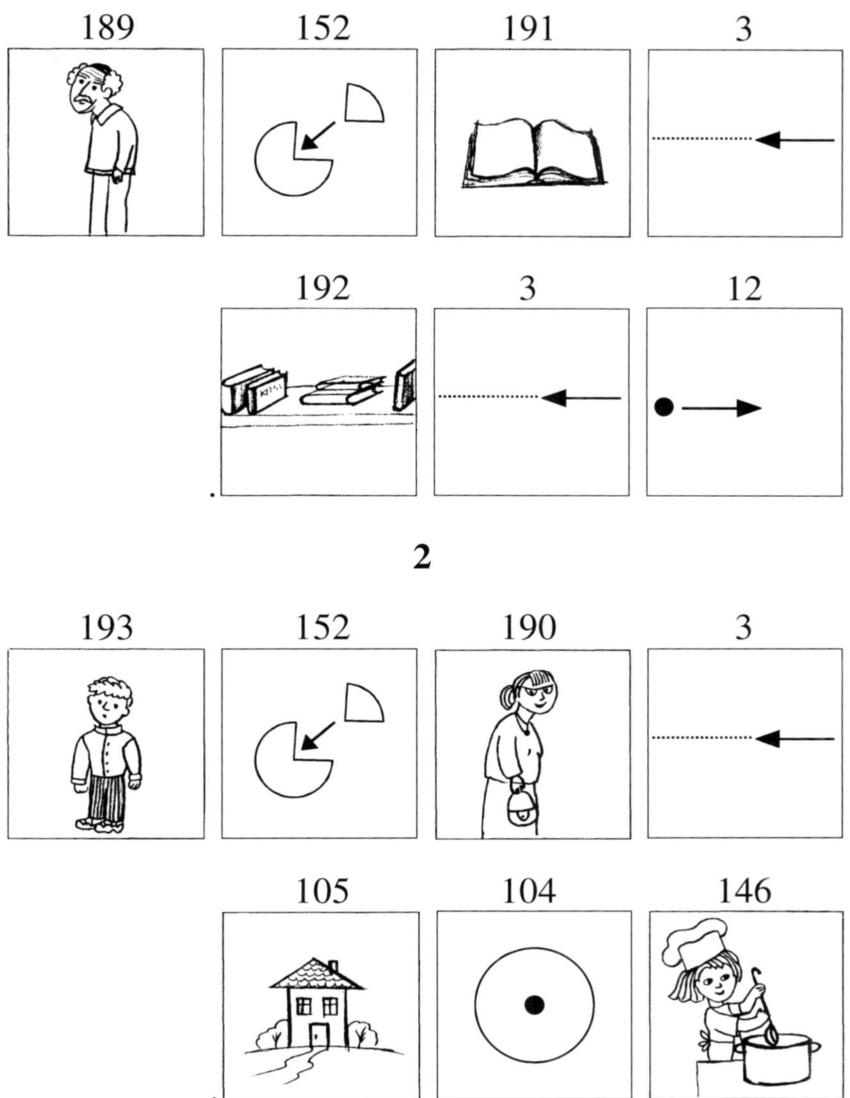

Zuordnung

Substantiv

f. pl.	*m. pl.*	*f.*	*m.*
	כְּסָפִים		כֶּסֶף
מְסִבּוֹת		מְסִבָּה	
	סָבִים		סַבָּא
סַבְתּוֹת		סַבְתָּא	
	סְפָרִים		סֵפֶר
סִפְרִיּוֹת		סִפְרִיָּה	

Verb

f. pl.	*m. pl.*	*f.*	*m.*
נוֹסְעוֹת	נוֹסְעִים	נוֹסַעַת	נוֹסֵעַ

Eigennamen

f.	*m.*
הֲדַסָּה	יוֹסֵף
	פִּינְחָס

Lerneinheit 5.5

Buchstaben

(Zadi sofit) ץ	(Zadi) צ

z = צ

nur am Ende eines Wortes z = ץ

Leseübung

צָ צַ צְ צִ צִי צֶ צֵ צֹ צוֹ צֱ צוּ

Wörter

dt.	Umschrift	hebr.
bei	ézel	אֵצֶל
Hemd, Bluse	chulza	חֻלְצָה
Hof	chazer	חָצֵר
Jizchak, m.	jizchak	יִצְחָק
Saft	miz	מִיץ
Fotoapparat	mazlema	מַצְלֵמָה
Baum	ez	עֵץ
Pizza	pízza	פִּיצָה
Zila, f.	zila	צִלָּה
Schal	za’if	צָעִיף

will, m. sg.	roze	רוֹצֶה
will, f. sg.	roza	רוֹצָה
wollen, m. pl.	rozim	רוֹצִים
wollen, f. pl.	rozot	רוֹצוֹת

Wort und Bild

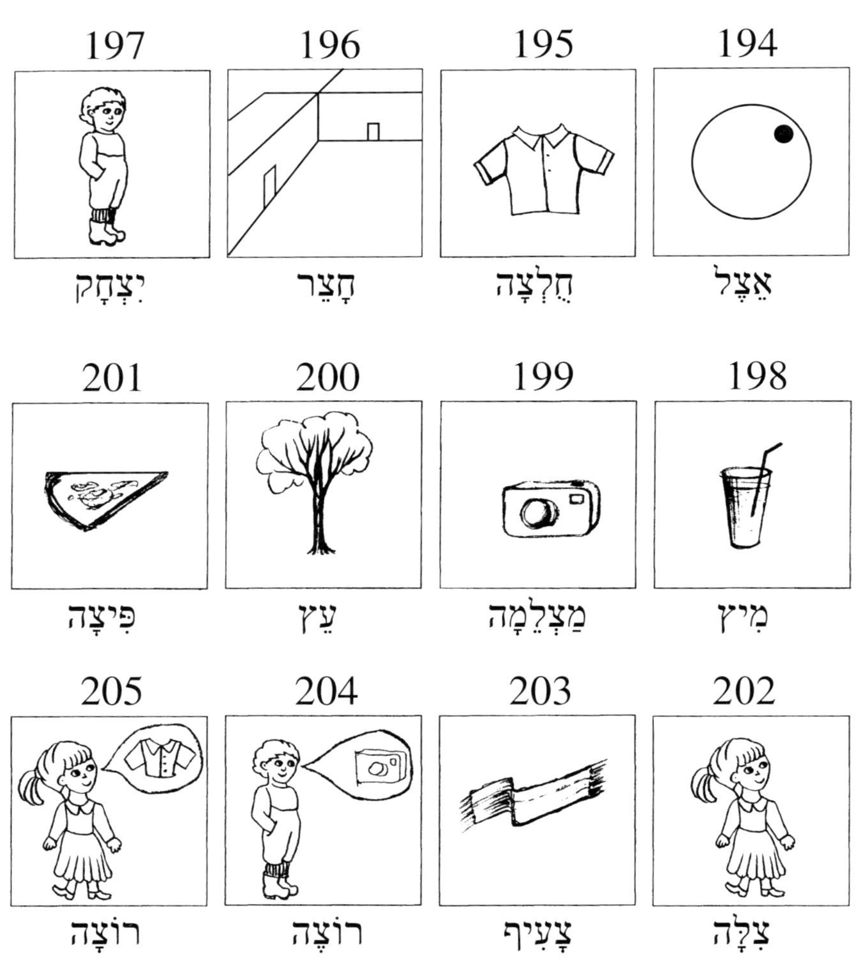

207 רוֹצוֹת

206 רוֹצִים

Verbinde die Buchstaben sinnvoll miteinander:

רוֹ   צֶל

אֵ   צָה

חֻלְ   צֶה

חָ   חָק

רוֹ   צֵר

יִצְ   ץ

מִי   צָה

מַצְלֵ ץ

רוֹ מָה

עֵ צִים

רוֹ צָה

פִּי לָה

צָ צוֹת

צִ עִיף

Lesen und Verstehen

צִלָּה רוֹצָה חֻלְצָה לְבָנָה.

יִצְחָק רוֹצֶה מַצְלֵמָה.

בֶּחָצֵר שֶׁל יִצְחָק יֵשׁ עֵץ.

הַצָּעִיף שֶׁל צִלָּה אֵצֶל יִצְחָק.

הַיְּלָדִים רוֹצִים פִּיצָה.

הַיְּלָדוֹת רוֹצוֹת מִיץ.

Forme Sätze aus den Bilderketten.

1

27 176 37 3

200 3

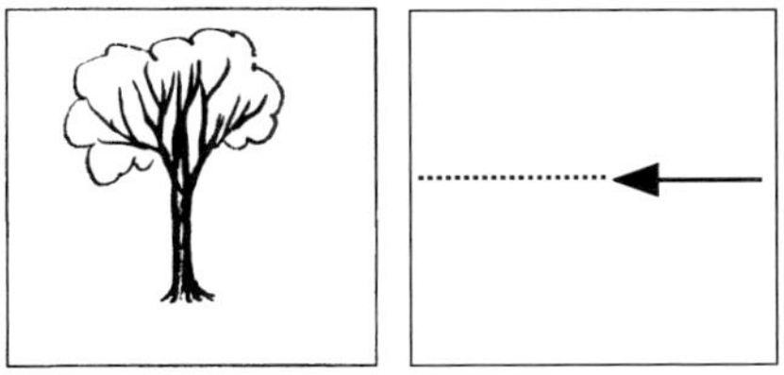

.

2

104 177 59 3

197	152	196
	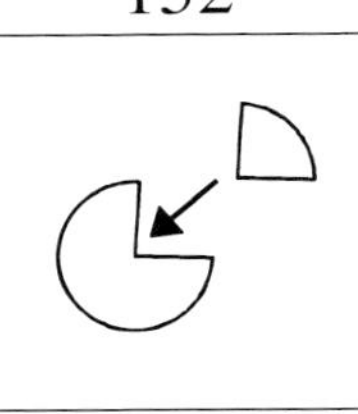	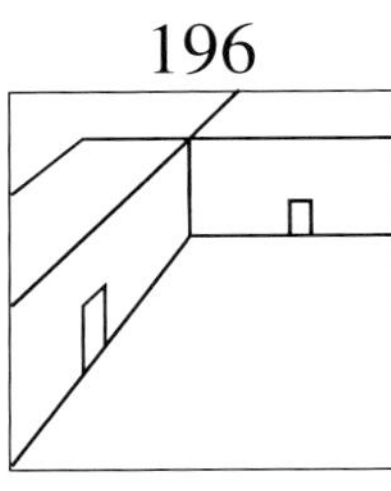

Zuordnung

Substantiv

f. pl.	*m. pl.*	*f.*	*m.*
חֲלְצוֹת		חֲלְצָה	
חֲצֵרוֹת		חָצֵר	
	מִיצִים		מִיץ
מַצְלֵמוֹת		מַצְלֵמָה	
	עֵצִים		עֵץ
פִּיצוֹת		פִּיצָה	
	צְעִיפִים		צָעִיף

Verb

f. pl.	*f. pl.*	*f.*	*m.*
רוֹצוֹת	רוֹצִים	רוֹצָה	רוֹצֶה

Eigennamen *Präposition*

f.	*m.*	
צִלָּה	יִצְחָק	אֵצֶל

Lerneinheit 5.6

Buchstabe

(Tet) ט

t = ט

Leseübung

טָ טַ טְ טִ טִי טֶ טֵ טֹ טוֹ טֻ טוּ

Wörter

dt.	Umschrift	hebr.
Tasche, Mappe	jalkut	יַלְקוּט
Koch	tabach	טַבָּח
Ring	tabá'at	טַבַּעַת
gut, m.	tov	טוֹב
gut, f.	tova	טוֹבָה
Tau, Tal, m.	tal	טַל
Talia, f.	tália	טַלְיָה
Küche	mitbach	מִטְבָּח
klein, m.	katan	קָטָן
klein, f.	ktana	קְטַנָּה

Wort und Bild

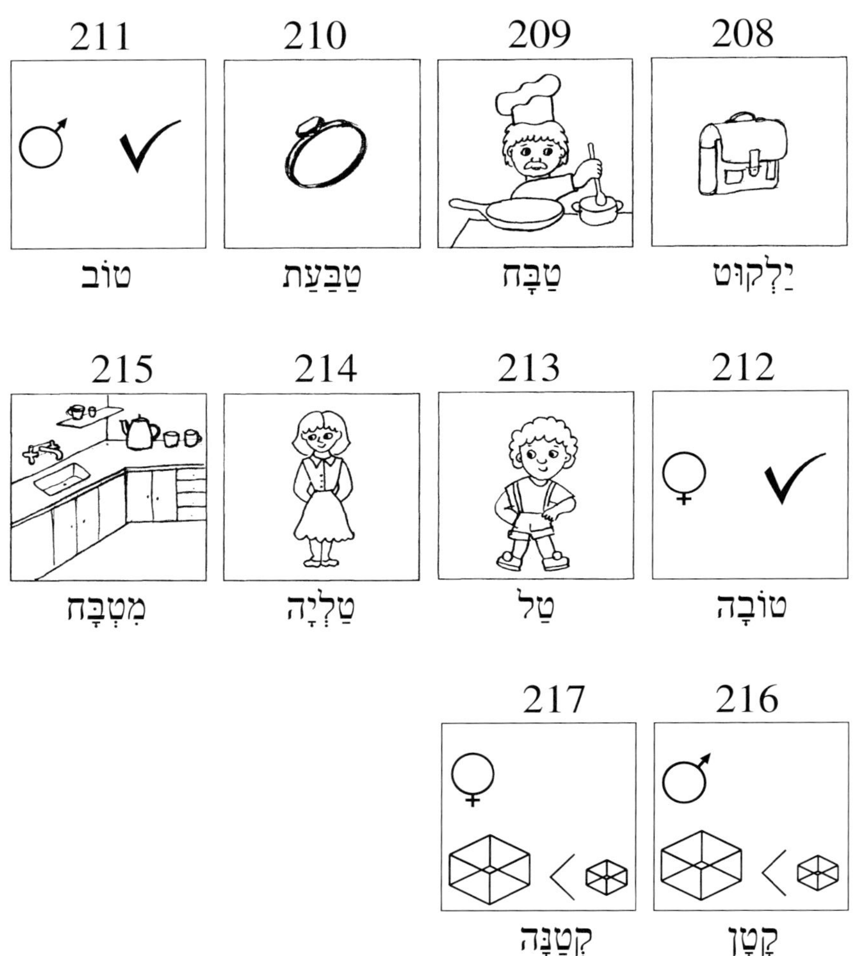

Verbinde die Buchstaben sinnvoll miteinander:

יַלְ	בָּח
טוֹ	קוּט
טַ	ב
טַבַּ	ל
טַ	בָה
טוֹ	עַת
טַלְ	בָּח
קְטַ	יָה
מִטְ	טָן
קָ	נָּה

Lesen und Verstehen

הַטַּבָּח מְבַשֵּׁל בַּמִּטְבָּח.

טַל הַקָּטָן תַּלְמִיד טוֹב.
יֵשׁ לוֹ יַלְקוּט.

טַלְיָה יַלְדָּה טוֹבָה.
יֵשׁ לָהּ טַבַּעַת קְטַנָּה.

Forme Sätze aus den Bilderketten.

1

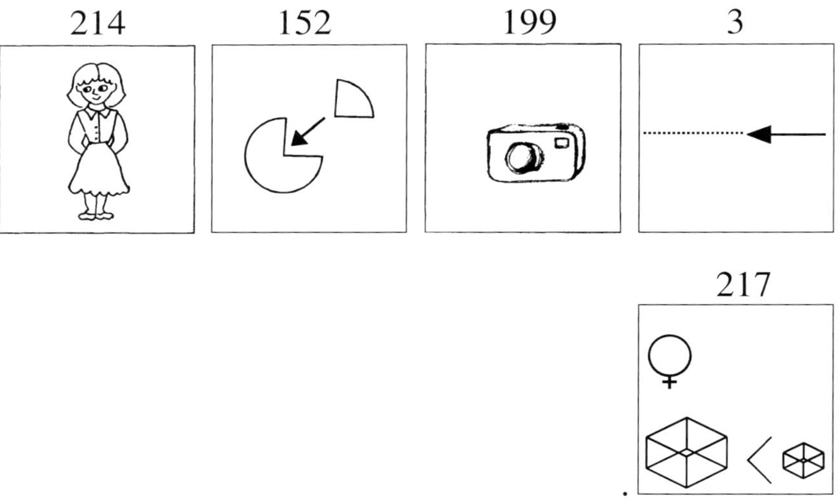

2

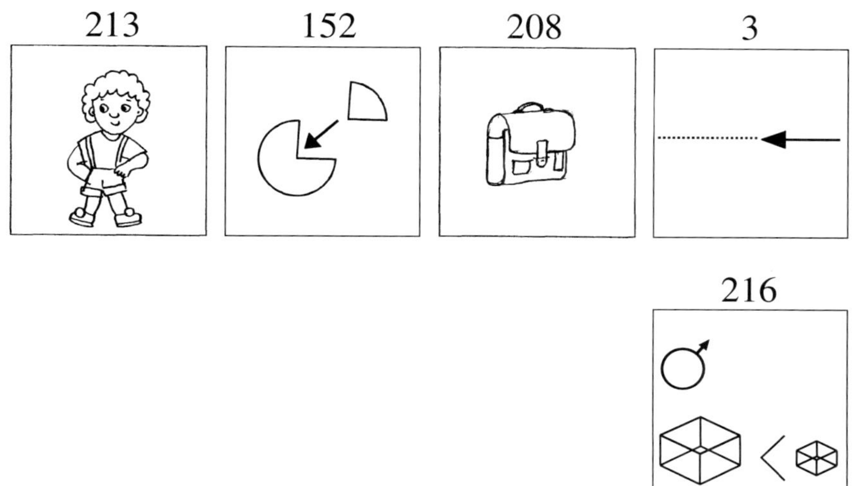

Zuordnung

Substantiv			
f. pl.	*m. pl.*	*f.*	*m.*
	יַלְקוּטִים		יַלְקוּט
טַבָּחִיּוֹת	טַבָּחִים	טַבָּחִית	טַבָּח
טַבָּעוֹת		טַבַּעַת	
	מִטְבָּחִים		מִטְבָּח

Eigennamen		*Adjektiv*	
f.	*m.*	*f.*	*m.*
טַלְיָה	טַל	טוֹבָה	טוֹב
		קְטַנָּה	קָטָן

Lerneinheit 5.7

Buchstabe

(Sajin) ז

s wie in sehen, stimmhaft   s = ז

Leseübung

Wörter

dt.	*Umschrift*	*hebr.*
diese, f.	sot	זֹאת
Sevulun, m.	sevulun	זְבוּלוּן
dieser, m.	se	זֶה
Zehava, f.	seháva	זֶהָבָה
Koffer	misvada	מִזְוָדָה
Gabel	masleg	מַזְלֵג

Wort und Bild

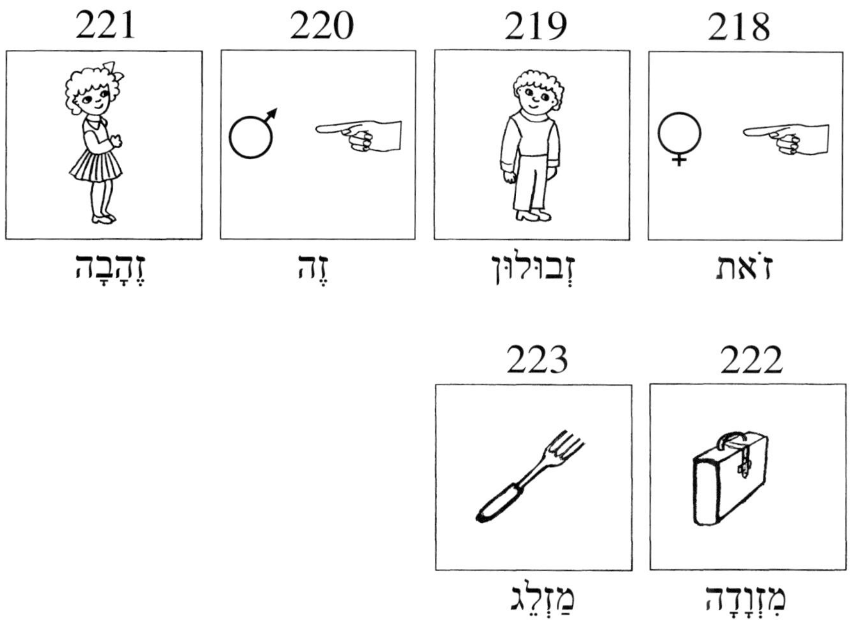

Verbinde die Buchstaben sinnvoll miteinander:

לוּן	זֹא
ת	זְבוּ
בָה	זֶ
ה	זֶהָ

מִזְוָ לֵג

מַזְ דָה

Lesen und Verstehen

מִי זֶה ?

זֶה זְבוּלוּן.

מִי זֹאת ?

זֹאת זֶהָבָה.

מַה זֶה ?

זֶה הַמַּזְלֵג שֶׁל זְבוּלוּן.

מַה זֹאת ?

זֹאת הַמִּזְוָדָה שֶׁל זֶהָבָה.

Forme aus den Bilderketten Sätze.

1

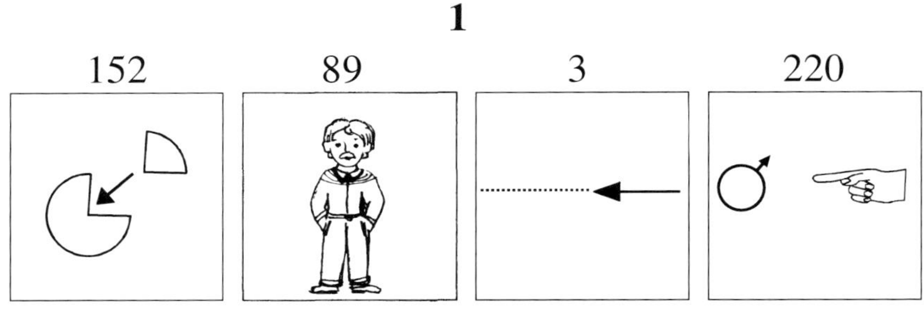

221

.

2

152 9

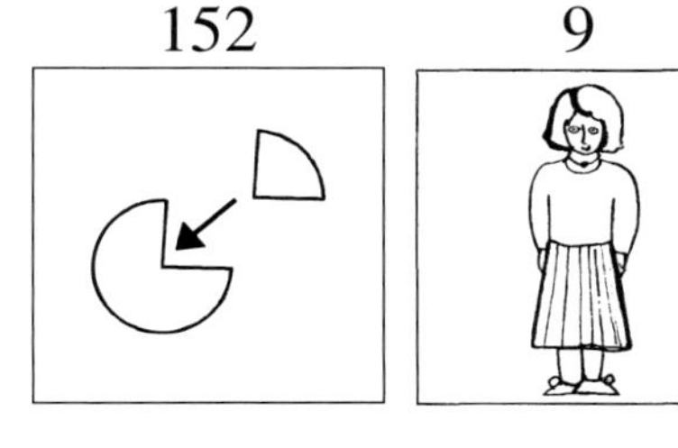

3

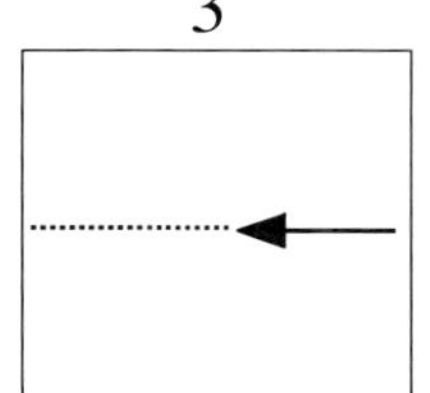

218

219

.

Zuordnung

Substantiv

f. pl.	*m. pl.*	*f.*	*m.*
מִזְוָדוֹת		מִזְוָדָה	
	מַזְלְגוֹת		מַזְלֵג

Eigennamen		*Demonstr.Pron.*	
f.	*m.*	*f.*	*m.*
זֶהָבָה	זְבוּלוּן	זֹאת	זֶה

Lerneinheit 5.8

Buchstaben

(Zadi) צ'	(Sajin) ז'	(Gimmel) ג'

Gimel, Sajin, und Zadi mit Apostroph wird zur Wiedergabe von fremdsprachlichen Lauten benutzt:

wie bei Jim = ג'

wie bei Jack = ז'

wie bei Tschechien = צ'

Leseübung 1

גָ' גַ' גְ' גִ' גִ'י גֶ' גֵ' ג'ֹ ג'וֹ גֻ' ג'וּ

זָ' זַ' זְ' זִ' זִ'י זֶ' זֵ' ז'ֹ ז'וֹ זֻ' ז'וּ

צָ' צַ' צְ' צִ' צִ'י צֶ' צֵ' צ'ֹ צ'וֹ צֻ' צ'וּ

Leseübung 2

גֹ' ג'וּ זָ' צִ' גֶ' זַ' גֶ' זִ' צַ' זִ'י גְ' זֶ' צֵ' גָ' זֹ' ז'וֹ צָ' גֵ' זֱ'
ז'וּ גִ' צְ' גַ' צִ'י זְ' צֳ'

צֹ' גִ'י צ'וֹ זֵ' צֱ' ג'וֹ צ'וּ

Wörter

dt.	*Umschrift*	*hebr.*
George, m.		ג'וֹרְג'
Jim, m.		גִ'ים
Génève	genéva	זֶ'נֶבָה
Jack, m.		זַ'ק
Jaqueline, f.		זַ'קְלִין
Los Angeles		לוֹס-אֶנְגֶ'לֶס
Charles, m.		צַ'אַרְלְס
Tschechien	tshéchia	צֶ'כְיָה

Wort und Bild

Verbinde die Buchstaben sinnvoll miteinander:

ג'י	אֶנְגֶ'לֶס
זַ'	ם
לוֹס־	יָה
צֶ'כְ	ק
ג'וֹ	לְס
זֶ'נֶ	לִין
זַ'קְ	בָה
צ'אַרְ	רְג'

Lesen und Verstehen

גִ'ים וְג'וֹרְג' מְדַבְּרִים אַנְגְּלִית.
הֵם מִלּוֹס־אֶנְגֶ'לֶס.

זַ'ק וְזַ'קְלִין בָּאִים מִזֶ'נֶבָה.

צ'אַרְלְס בָּא מִצֶ'כְיָה.
הוּא מְדַבֵּר צֶ'כִית.

Forme einen Satz aus der Bilderkette.

1

187 228 48 227

231 26

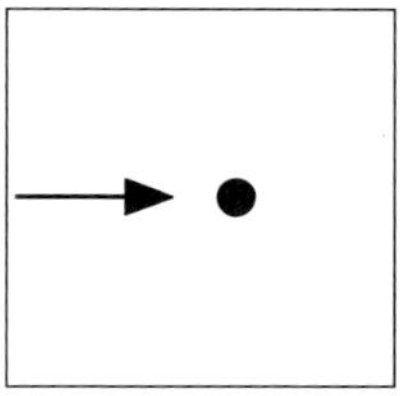

.

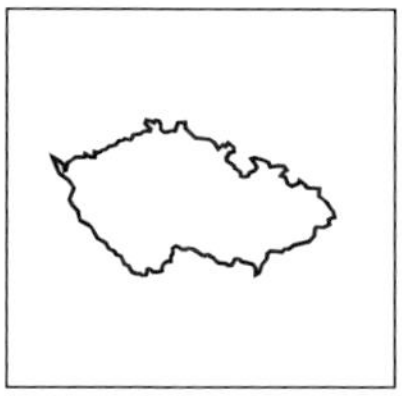

Zuordnung

Ortsnamen	*Eigennamen*	
	f.	*m.*
זֶ'נֶבָה	זַ'קְלִין	ג'וֹרְג'
לוֹס־אֶנְגֶ'לֶס		גִ'ים
צֶ'כְיָה		זַ'ק
		צ'אַרְלְס

Lösungen

1. Lerneinheit

*1.3 Vokal **i***

אַתְּ מִנְּתַנְיָה?

הִיא מִנְּתַנְיָה.

אַתָּה מַתִּי?

אַתְּ מַאיָה?

1.4 Buchstaben **ם** *(Mem sofit),* **ן** *(Nun sofit)*

הַיַּיִן מִמַּתִּי?

אֲנִי מִנְּתַנְיָה.

2. Lerneinheit

2.1 Buchstaben **ג** *(Gimmel),* **ד** *(Dalet),* **ל** *(Lamed)*

גַּם לְדַלְיָה גְּלִידָה.

הַגַּלְגַּל לְיַד דָּן.

לָמָּה הַיַּיִן לְיַד גָּד?

גַּם הַתַּלְמִידָה גִּילָה מִנְּתַנְיָה.

2.2 Vokal ***e***

הַתַּלְמִידִים מֵאֵילַת.

הַיְלָדִים מִנְּתַנְיָה.

2.3 Ausdruck: es gibt nicht

אֵין לִי גַּלְגַּל.

גַּם לָהּ אֵין גַּלְגַּל.

3. Lerneinheit

3.1 Buchstaben **ו** *(Vav),* **ק** *(Kof),* **ר** *(Resch)*

לְוַרְדָּה קַלְמָר.

גַּם לְנִירָה קַלְמָר.

3.2 Vokal ***o***

הַמּוֹרָה אוֹרְנָה לֹא מֵרוֹמַנְיָה.

הַמּוֹרִים יוֹרָם וְאוֹרְנָה לֹא יְלָדִים.

הַיְלָדוֹת מִרְיָם וְלֵאָה לֹא מֵהוֹלַנְד.

3.3 Verben m./f., sg./pl

הַיּוֹם הַתַּלְמִידִים לֹא לוֹמְדִים הֵם רַק קוֹרְאִים.

הַיּוֹם הַתַּלְמִידוֹת לֹא לוֹמְדוֹת הֵן רַק קוֹרְאוֹת.

אַמְנוֹן לוֹמֵד וְקוֹרֵא.

הִיא לוֹמֶדֶת וְקוֹרֵאת.

*3.4 Vokal **u***

הוּא מוֹרֶה וְהִיא מוֹרָה.

אֲנַחְנוּ תַּלְמִידִים וְתַלְמִידוֹת.

4. Lerneinheit

4.1 Buchstaben בּ (Bet), ב (Vet)

הַיְלָדִים בָּאִים לְאִמָּא וְאַבָּא.

דְּבוֹרָה וְרִבְקָה לֹא בָּאוֹת לְבִנְיָמִין.

4.2 Präposition in = בְּ

רִבְקָה מְדַבֶּרֶת בַּבַּיִת רַק בֶּלְגִּית.

לִדְבוֹרָה אֵין גְּלִידָה לְבָנָה בַּבַּיִת.

4.3 Buchstaben **כּ** *(Kaf),* **כ** *(Chaf),* **ך** *(chaf sofit)*

כָּל הַיְלָדִים אוֹכְלִים גְּלִידָה.

כָּל הַיְלָדוֹת אוֹכְלוֹת גְּלִידָה.

4.4 Ja = **כֵּן**

בַּכִּתָּה תְּמוּנָה כְּמוֹ בַּבַּיִת.

בַּבַּיִת לֹא לוֹמְדִים כְּמוֹ בַּכִּתָּה.

4.5 Buchstaben **פּ** *(Pe),* **פ** *(Fe),* **ף** *(fe sofit)*

הַמַּגֶּבֶת הַיָּפָה לֹא פֹּה.

הַבַּיִת הַיָּפֶה לְיַד הַכְּפָר.

5. Lerneinheit

5.1 Buchstaben **שׁ** *(Schin),* **שׂ** *(Ssin)*

הַשִּׂמְלָה שֶׁל שָׂרָה שָׁם.

שְׁלֹמֹה בַּבַּיִת שֶׁל מֹשֶׁה.

לְמִי יֵשׁ בָּשָׂר.

5.2 *Buchstabe* **ע** *(Ajin)*

אֵיפֹה הָעוּגָה שֶׁל עֲנָת?

יַעֲקֹב קוֹרֵא עִבְרִית.

5.3 *Buchstabe* **ח** *(Chet)*

הַמַּחְבֶּרֶת שֶׁל חַנָּה בַּחֶדֶר.

חַיִּים הוֹלֵךְ בָּרְחוֹב.

5.4 *Buchstabe* **ס** *(Samech)*

הַסֵּפֶר שֶׁל סַבָּא מֵהַסִּפְרִיָּה.

הַסַּבְתָּא שֶׁל פִּינְחָס מְבַשֶּׁלֶת בַּבַּיִת.

5.5 *Buchstaben* **צ** *(Zadi),* **ץ** *(Zadi sofit)*

הַיְלָדִים מְשַׂחֲקִים לְיַד הָעֵץ.

הַיְלָדוֹת מְשַׂחֲקוֹת בֶּחָצֵר שֶׁל יִצְחָק.

5.6 *Buchstabe* **ט** *(Tet)*

הַמַּצְלֵמָה שֶׁל טַלְיָה קְטַנָּה.

הַיַּלְקוּט שֶׁל טַל קָטָן.

5.7 Buchstabe ז (Sajin)

זֶה הָאַבָּא שֶׁל זֶהָבָה.

ז׳את הָאִמָּא שֶׁל זְבוּלוּן.

5.8 Buchstaben ג׳, ז׳, צ׳

זַ'ק וְזַ'קְלִין נוֹסְעִים לְצֶ'כְיָה .

Vokale

dt.		*Zeichen*	*dt. hebr.*
a	wie a in Bach	ַ	Patach פַּתָּח
a	kurzes a, unbetont	ֲ	Chataf-Patach חֲטַף פַּתָּח
a	langes a wie Aal	ָ	Kamaz קָמַץ
o	kurzes o	ָ	Kamaz katan קָמַץ קָטָן
o	kurzes o, unbetont	ֳ	Chataf - Kamaz חֲטַף קָמַץ
e	langes e wie Lehrer	ֵ	Seré צֵירֶה
e	kurzes e wie in Kern	ֶ	Segol סֶגּוֹל
e	kurzes e, unbetont	ֱ	Chataf- Segol חֲטַף סֶגּוֹל
(e)	wird nicht transkribiert, fast lautloses, kurzes e	ְ	Schva שְׁוָא
i		ִ	Chirik חִירִיק
o	langes o wie Wohl	וֹ	Cholam male חוֹלָם מָלֵא
o	kurzes o wie Wolle	ֹ	Cholam chaser חוֹלָם חָסֵר
u		וּ	Schuruk שׁוּרוּק
u		ֻ	Kubuz קֻבּוּץ

Konsonanten

Name	*dt.*		*Endbuchstabe*	*hebr.*
Alef		stumm		א
Bet	b			בּ
Vet	v			ב
Gimmel	g			ג
Dalet	d			ד
He	h			ה
Vav	v			ו
	o	langes o wie Wohl		וֹ
	u			וּ
Sajin	s	s wie in sehen, stimmhaft		ז
Chet	ch	ch wie in Bach		ח
Tet	t			ט
Jod	j			י
Kaf	k			כּ
Chaf	ch	ch wie in Bach		כ
Chaf sofit	ch		am Ende des Wortes	ך
Lamed	l			ל
Mem	m			מ
Mem sofit	m		am Ende des Wortes	ם
Nun	n			נ
Nun sofit	n		am Ende des Wortes	ן
Samech	s	wie ss in essen, stimmlos		ס

Ajin		stumm, Kehllaut		ע
Pe	p			פּ
Fe	f			פ
Fe sofit	f		am Ende des Wortes	ף
Zadi	z	wie z in Zaun		צ
Zadi sofit	z		am Ende des Wortes	ץ
Kof	k			ק
Resch	r			ר
Schin	sch	sch wie in schön		שׁ
Ssin	s	ss wie in essen		שׂ
Tav	t			ת

Anmerkungen

1. א, ה, ח, ע müssen mit dem Halbvokal Schva noch einen weiteren Vokal zu sich nehmen = Chataf - Laute (ֲ ֳ ֱ).

2. Schva mit Kamaz = ֳ = Chataf-Kamaz wird wie O gesprochen, z. B. אֳנִיָּה = onija (Buchstabe Nun נ s. Lerneinheit 1.2).

3. Auch Kamaz allein **kann** wie O ausgesprochen werden, z. B. אָמְנָם = omnam (Endbuchstabe Mem ם s. 1.4).

4. Endet ein Wort auf חַ oder עַ, dann wird der Vokal A davor gesprochen, z. B. נֹחַ = noach (Buchstabe Nun נ s. 1.2; Chet ח s. 5.3; Ajin ע s. 5.2; Vokal Cholam ֹ s. 3.2).

5. Der Punkt in der Buchstabenmitte = Dagesch verstärkt den Laut. Es ist aber **nur** bei Pe פּ , Kaf כּ und Bet בּ hörbar. Ohne Punkt, d.h. ohne Dagesch, wird es Fe פ, Chaf כ und Vet ב gesprochen.

6. Der Buchstabe He ה am Ende des Wortes wird nicht gesprochen.

7. הַ ha (= He mit Patach) ist der bestimmte Artikel : maskulin, feminin, Singular und Plural. Er wird dem Wort vorangestellt; dazu kommt ein Punkt =

Dagesch im folgenden Buchstaben: הַתָּא.
Aber:
Bei He ה und Chet ח fällt Dagesch weg: הַחֶדֶר (Buchstabe Chet ח s. 5.3; Dalet ד s. 2.1; Resch ר s. 3.1; Vokal Segol s. 2.2)

Vor Alef א, Ajin ע und Resh ר wird der Artikel mit ָ vokalisiert, auch ohne Dagesh: הָרֶפֶּת:הָ (Buchstabe Resch ר s. 3.1; Fe פּ s. 4.5; Vokal Segol s. 2. 2)

Vor הָ, עָ, חָ, חֳ wird הַ zu הֶחָכָם:הֶ (Buchstabe Chet ח s. 5.3; Chaf כ s. 4.3; Mem sofit ם s. 1.4; Vokal Segol s. 2.2)

8. Der Buchstabe Nun נ verändert am Wortende seine Form: ן (Buchstabe Nun sofit ן, s. 1.4) .

9. Die Präposition **von** besteht aus dem Buchstaben Mem mit Vokal Chirik und wird dem Wort vorangestellt: ....מִ. Dazu kommt ein Punkt = Dagesch im folgenden Buchstaben.

Aber:
Bei den Gutturalen א, ה, ח, ע, ר wird der Vokal i zu e: ....מֵ: מֵאֵילַת .

10. Die Präposition **zu, nach** besteht aus dem Buchstaben Lamed mit Schva und wird dem Wort vorangestellt: ....לְ.

Aber:
Das Schva wird zum Vokal i, wenn ein weiteres Schva folgt: aus לְדְבוֹרָה wird לִדְבוֹרָה.

Folgt auf לְ der Artikel ha הַ, wird die Form zusammengezogen zu la לַ: לַמְּסִבָּה , לַבְּרֵכָה.

Folgt aber auf le לְ der Artikel ha הַ vor alef, ajin oder resch, wird die Form zusammengezogen zu לָ:לָעֲבוֹדָה.

11. Die Konjunktion **und** besteht aus dem Buchstaben Vav mit Schva: ....וְ.

Aber:
Vor den Buchstaben ב , מ , פ verändert sich der Vokal zu **u**: וּמְדַבְּרוֹת וּמִיכַל.

Folgt auf וְ ein weiteres Schva, dann wird das erste Schwa zum Vokal U: וּדְבוֹרָה.

Folgt auf וְ ein weiteres Schva mit dem Buchstaben Jod, dann wird dieses zum Vokal I und das zweite Schva fällt weg: aus וְיְהוּדָה wird וִיהוּדָה.

Vor dem kurzen Vokal A = Chataf Patach wird Schva auch zu A: וַאֲנִי.
Vor dem kurzen Vokal E = Chataf Segol wird Schva entsprechend auch zu E: וֶאֱמֶת.

12. Die Endung ית.... kennzeichnet eine Sprache und ist feminin.

13. Maskuline und feminine Personen in einer Gruppe erhalten die maskuline Endung.

14. Bei dem Wort יוֹם = Tag verändert sich der Vokal O im Plural zu A: יָמִים

15. Einige maskuline Substantive haben ausnahmsweise die Endung וֹת... : אָב = Vater, אָבוֹת = Väter. Einige feminine Substantive haben ausnahmsweise die Endung ים.... : בֵּיצָה = Ei , בֵּיצִים = Eier.

16. Die Präposition **in, an** besteht aus dem Buchstaben Bet und Schva und wird dem Wort vorangestellt: בְּ.

Aber:
Folgt auf בְּ ein weiteres Schva, dann wird das erste Schva zum Vokal I: בְּ + שְׁמוֹ = בִּשְׁמוֹ.

Folgt auf בְּ ein weiteres Schva mit dem Buchstaben Jod, dann wird dieses zum Vokal I und das zweite Schva fällt weg: aus בְּיְרוּשָׁלַיִם wird בִּירוּשָׁלַיִם (s. a. Anmerkungen 10 +11).

Folgt auf בְּ der Artikel ha הַ, wird die Form zusammengezogen zu בַּ : בְּ + הַבַּיִת = בַּבַּיִת.

Folgt aber auf בְּ der Artikel ha הָ vor Alef, Ajin oder Resch, wird die Form zusammengezogen zu בָּ: בָּרְחוֹב.

Folgt aber auf בְּ der Artikel ha הָ vor הָ, עָ, חָ, חֶ wird die Form zusammengezogen zu בֶּ : בְּ + הֶחָצֵר = בֶּחָצֵר .

17. Lautet ein Wort am Ende auf A oder E aus, muß He geschrieben werden: פֶּה Mund.
Aber:
Lautet das Wort auf einen anderen Vokal aus, kann das He wegfallen: פִּיּוֹת Münder.

18. Die unpersönliche Verbform „man“ hat kein Subjekt und steht im Plural maskulin: מְבַשְּׁלִים

Index 1

1. Lerneinheit

1.1 Buchstaben ***א*** (Alef), ***ה*** (He), ***ת*** (Tav), Vokal ***a*** und ***Schva***

Nr.	*hebr.*
1	אַתְּ
2	אַתָּה
3	הַ....
4	תָּא

1.2 Buchstaben ***י*** (Jod), ***מ*** (Mem), ***נ*** (Nun)

Nr.	*hebr.*
5	מַאיָה
6	מַה
7	נָתָן
8	נְתַנְיָה

1.3 Vokal ***i***

Nr.	*hebr.*
9	אִמָּא
10	אֲנִי
11	הִיא
12	מִ.....
13	מִי
14	מַתִּי

1.4 Buchstaben ***ם*** (Mem sofit), ***ן*** (Nun sofit)

Nr.	*hebr.*
15	יַיִן
16	יָם
17	מַיִם

2. Lerneinheit

2.1 Buchstaben ***ג*** (Gimmel), ***ד*** (Dalet*),* ***ל*** (Lamed)

Nr.	*hebr.*
18	אַנְגְּלִיָּה
19	גָּד
20	גִּילָה
21	גַּלְגַּל
22	גְּלִידָה
23	גַּם
24	דַּלְיָה
25	דָּן
26	לְ....
27	לְיַד
28	לָמָּה
29	תַּלְמִיד
30	תַּלְמִידָה

2. Lerneinheit

2.2 Vokal ***e***

Nr.	*hebr.*
31	אֵילַת
32	אֵלַי
33	הֵם
34	הֵן
35	יֶלֶד
36	יַלְדָּה
37	יְלָדִים
38	לֵאָה
39	מֵאַיִן
40	תַּלְמִידִים

2.3 Ausdruck: ***es gibt nicht***

Nr.	*hebr.*
41	אֵין
42	דֶּגֶל
43	לָהּ
44	לִי

3. Lerneinheit

3.1 Buchstaben ו (Vav), ק (Kof), ר (Resch)

Nr.	*hebr.*
45	אָמֶרִיקָה
46	גֶּרְמַנְיָה
47	דָּוִד
48	וְ.....
49	וַרְדָּה
50	מִרְיָם
51	נִירָה
52	קַלְמָר
53	רָם
54	רַק

3.2 Vokal ***o***

Nr.	*hebr.*
55	אוֹרְנָה
56	הוֹלַנְד
57	הוֹלַנְדִּית
58	יוֹרָם
59	יְלָדוֹת
60	לֹא
61	מוֹרֶה
62	מוֹרָה
63	מוֹרִים
64	מוֹרוֹת
65	רוֹמַנְיָה
66	רוֹמָנִית

67	תּוֹדָה
68	תַּלְמִידוֹת

3.3 Verben m./f., sg./pl

Nr.	*hebr.*
69	אַמְנוֹן
70	יוֹם
71	לוֹ
72	לוֹמֵד
73	לוֹמֶדֶת
74	לוֹמְדִים
75	לוֹמְדוֹת
76	קוֹרֵא
77	קוֹרֵאת
78	קוֹרְאִים
79	קוֹרְאוֹת

3.4 Vokal ***u***

Nr.	*hebr.*
80	אֵלִיָּהוּ
81	אֲנַחְנוּ
82	הוּא
83	הוּנְגַרְיָה
84	הוּנְגָרִית
85	יְהוּדָה
86	קוּמְקוּם

87	רוּת
88	תְּמוּנָה

4.1 Buchstaben **בּ** (Bet) , **ב** (Vet)

Nr.	*hebr.*
89	אַבָּא
90	אַבְרָהָם
91	בָּא
92	בָּאָה
93	בָּאִים
94	בָּאוֹת
95	בּוּלְגַרְיָה
96	בֶּלְגְיָה
97	בִּנְיָמִין
98	דְּבוֹרָה
99	מְדַבֵּר
100	מְדַבֶּרֶת
101	מְדַבְּרִים
102	מְדַבְּרוֹת
103	רִבְקָה

4.2 Präposition in = בְּ

Nr.	*hebr.*
104	בְּ....
105	בַּיִת

106	לָבָן
107	לְבָנָה
108	מַגֶּבֶת

4.3 Buchstaben כּ (Kaf) ,
כ (Chaf) , ך (Chaf sofit)

Nr.	*hebr.*
109	אוֹכֵל
110	אוֹכֶלֶת
111	אוֹכְלִים
112	אוֹכְלוֹת
113	בְּרֵכָה
114	הוֹלֵךְ
115	הוֹלֶכֶת
116	הוֹלְכִים
117	הוֹלְכוֹת
118	כִּי
119	כָּל
120	כָּרִיךְ
121	כְּרִיכִים
122	כַּרְמִי
123	מִיכַל

4.4 Präposition in = בְּ

Nr.	*hebr.*
124	כִּתָּה

125	כְּמוֹ
126	כֵּן

4.5 Buchstaben פּ (Pe) ,
פ (Fe) , ף (Fe sofit)

Nr.	*hebr.*
127	אֵיפֹה
128	אַף
129	אֶפְרַיִם
130	יָפֶה
131	יָפָה
132	כְּפָר
133	מַפָּה
134	פֹּה
135	פֶּה
136	פְּנִינָה
137	פָּרָה
138	פַּרְפַּר
139	רֶפֶת

5. Lerneinheit

5.1 Buchstaben שׁ (Schin)
שׂ (Ssin)

Nr.	*hebr.*
140	בָּשָׂר
141	יֵשׁ
142	יָשָׁן

143	יִשָׁנָה
144	יִשְׂרָאֵל
145	מְבַשֵּׁל
146	מְבַשֶּׁלֶת
147	מְבַשְּׁלִים
148	מְבַשְּׁלוֹת
149	מֹשֶׁה
150	שַׁבָּת
151	שׁוֹשַׁנָּה
152	שֶׁל
153	שָׁלוֹם
154	שְׁלֹמֹה
155	שָׁם
156	שִׂמְלָה
157	שָׂרָה

5.2 Buchstabe ע (Ajin)

Nr.	*hebr.*
158	יָעֵל
159	יַעֲקֹב
160	עֲבוֹדָה
161	עִבְרִית
162	עוּגָה
163	עַל
164	עֲנָת
165	עִם

166	עִתּוֹן
167	שִׁעוּר

5.3 Buchstabe ח (Chet)

Nr.	*hebr.*
168	חֶדֶר
169	חוֹלֶה
170	חוֹלָה
171	חַיִּים
172	חַנָּה
173	מַחְבֶּרֶת
174	מְשַׂחֵק
175	מְשַׂחֶקֶת
176	מְשַׂחֲקִים
177	מְשַׂחֲקוֹת
178	רְחוֹב
179	רָחֵל
180	שֻׁלְחָן

5.4 Buchstabe ס (Samech)

Nr.	*hebr.*
181	הֲדַסָּה
182	יוֹסֵף
183	כֶּסֶף
184	מְסִבָּה
185	נוֹסֵעַ

Nr.	hebr.
186	נוֹסַעַת
187	נוֹסְעִים
188	נוֹסְעוֹת
189	סַבָּא
190	סַבְתָּא
191	סֵפֶר
192	סִפְרִיָּה
193	פִּינְחָס

5.5 Buchstaben צ (Zadi) ץ (Zadi sofit)

Nr.	*hebr.*
194	אֵצֶל
195	חֲלְצָה
196	חָצֵר
197	יִצְחָק
198	מִיץ
199	מַצְלֵמָה
200	עֵץ
201	פִּיצָה
202	צִלָּה
203	צָעִיף
204	רוֹצֶה
205	רוֹצָה
206	רוֹצִים
207	רוֹצוֹת

5.6 Buchstabe ט (Tet)

Nr.	*hebr.*
208	יַלְקוּט
209	טַבָּח
210	טַבַּעַת
211	טוֹב
212	טוֹבָה
213	טַל
214	טַלְיָה
215	מִטְבָּח
216	קָטָן
217	קְטַנָּה

5.7 Buchstabe ז (Sajin)

Nr.	*hebr.*
218	זֹאת
219	זְבוּלוּן
220	זֶה
221	זֶהָבָה
222	מִזְוָדָה
223	מַזְלֵג

5.8 Buchstaben ג' ז' צ'

Nr.	*hebr.*
224	ג'וֹרְג'
225	גִ'ים

226	זֶ'נֶבָה
227	זַ'ק
228	זַ'קְלִין
229	לוֹס־אֶנְגֶ'לֶס
230	צ'אַרְלְס
231	צֶ'כְיָה

Abkürzungen

d.h.	das heißt
dt.	Deutsch
hebr.	Hebräisch
m.	maskulin
Nr.	Nummer
f.	feminin
s.	siehe
s. a.	siehe auch
sg.	Singular
pl.	Plural
Pers. Pron.	Personalpronomen
Demonstr. Pron.	Demonstrativpronomen (hinweisend)

Index 2

Alef א

Bildnummer	*dt.*	*hebr.*
89	Vater	אַבָּא
90	Abraham, m.	אַבְרָהָם
109	isst, m. sg.	אוֹכֵל
110	isst, f. sg.	אוֹכֶלֶת
111	essen, m. pl.	אוֹכְלִים
112	essen, f. pl.	אוֹכְלוֹת
55	Orna, f.	אוֹרְנָה
31	Eilat	אֵילַת
41	es gibt nicht	אֵין
127	wo?	אֵיפֹה
32	Eli, m.	אֵלִי
80	Elijahu, m.	אֵלִיָּהוּ
9	Mama	אִמָּא
69	Amnon, m.	אַמְנוֹן
45	Amerika	אָמֶרִיקָה
18	England	אַנְגְּלִיָּה
81	wir,1. m.+ f. pl.	אֲנַחְנוּ
10	ich, m.+ f.	אֲנִי
128	Nase	אַף
129	Efraim, m.	אֶפְרַיִם
194	bei	אֵצֶל
1	du, f.	אַתְּ
2	du, m.	אַתָּה

Bet ב

Bildnummer	*dt.*	*hebr.*
104	in	בְּ.....
91	kommt, m. sg.	בָּא
92	kommt, f. sg.	בָּאָה
93	kommen, m. pl.	בָּאִים
94	kommen, f. pl.	בָּאוֹת
95	Bulgarien	בּוּלְגַרְיָה
105	Haus	בַּיִת
96	Belgien	בֶּלְגִיָּה
97	Benjamin, m.	בִּנְיָמִין
113	Schwimmbad	בְּרֵכָה
140	Fleisch	בָּשָׂר

Gimmel ג

Bildnummer	*dt.*	*hebr.*
19	Gad, m.	גָּד
224	George, m.	ג'וֹרְג'
20	Gila, f.	גִּילָה
225	Jim, m.	ג'ִים
21	Rad	גַּלְגַּל
22	Eiscreme	גְּלִידָה
23	auch	גַּם
46	Deutschland	גֶּרְמַנְיָה

Dalet ד

Bildnummer	*dt.*	*hebr.*
98	Dvorah, f.	דְּבוֹרָה
42	Fahne	דֶּגֶל
47	David, m.	דָּוִד

24	Dalia, f.	דַּלְיָה
25	Dan, m.	דָּן

He ה

Bildnummer	*dt.*	*hebr.*
3	der, die, das…	הַ.....
181	Hadassa, f.	הֲדַסָּה
82	er, 3. m. sg.	הוּא
114	geht, m. sg.	הוֹלֵךְ
115	geht, f. sg.	הוֹלֶכֶת
116	gehen, m. pl.	הוֹלְכִים
117	gehen, f. pl.	הוֹלְכוֹת
56	Holland	הוֹלַנְד
57	holländisch	הוֹלַנְדִּית
83	Ungarn	הוּנְגַּרְיָה
84	ungarisch	הוּנְגָּרִית
11	sie, f. sg.	הִיא
33	sie, m. pl.	הֵם
34	sie, f. pl.	הֵן

Vav ו

Bildnummer	*dt.*	*hebr.*
48	und	וְ.....
49	Rose; Warda, f.	וַרְדָּה

Sajin ז

Bildnummer	*dt.*	*hebr.*
218	diese, f.	זֹאת
219	Sevulun, m.	זְבוּלוּן
220	dieser, m.	זֶה

221	Zehava, f.	זֶהָבָה
226	Géněve	זֶ'נֶבָה
227	Jack, m.	זַ'ק
228	Jaqueline, f.	זַ'קְלִין

Chet ח

Bildnummer	*dt.*	*hebr.*
168	Zimmer	חֶדֶר
169	krank, m.	חוֹלֶה
170	krank, f.	חוֹלָה
171	Chaim, m.	חַיִּים
195	Hemd, Bluse	חֻלְצָה
172	Channa, f.	חַנָּה
196	Hof	חָצֵר

Tet ט

Bildnummer	*dt.*	*hebr.*
209	Koch	טַבָּח
210	Ring	טַבַּעַת
211	gut, m.	טוֹב
212	gut, f.	טוֹבָה
213	Tau, Tal, m.	טַל
214	Talia, f.	טַלְיָה

Jod י

Bildnummer	*dt.*	*hebr.*
85	Jehuda, m.	יְהוּדָה
70	Tag	יוֹם
182	Jossef, m.	יוֹסֵף
58	Joram, m.	יוֹרָם

15	Wein	יַיִן
35	Junge	יֶלֶד
36	Mädchen, sg.	יַלְדָּה
37	Kinder	יְלָדִים
59	Mädchen, pl.	יְלָדוֹת
208	Tasche, Mappe	יַלְקוּט
16	Meer	יָם
158	Jael, f.	יָעֵל
159	Jakov, m.	יַעֲקֹב
130	schön, m.	יָפֶה
131	schön, f.	יָפָה
197	Jizchak, m.	יִצְחָק
141	es gibt	יֵשׁ
142	alt, m.	יָשָׁן
143	alt, f.	יְשָׁנָה
144	Israel	יִשְׂרָאֵל

Kaf כ

Bildnummer	*dt.*	*hebr.*
118	weil	כִּי
119	alles, alle	כָּל
125	wie	כְּמוֹ
126	ja, doch	כֵּן
183	Geld	כֶּסֶף
132	Dorf	כְּפָר
120	Sandwich	כָּרִיךְ
121	Sandwiches	כְּרִיכִים
122	Karmi, m. + f.	כַּרְמִי
124	Klasse	כִּתָּה

Lamed ל

Bildnummer	*dt.*	*hebr.*
26	zu, nach; für	.....לְ
60	Lehrer	ל״א
38	Lea, f.	לֵאָה
106	weiß, m.	לָבָן
107	weiß, f.	לְבָנָה
43	ihr, f. sg.	לָהּ
71	ihm, 3. m. sg.	לוֹ
72	lernt, m. sg.	לוֹמֵד
73	lernt, f. sg.	לוֹמֶדֶת
74	lernen, m. pl.	לוֹמְדִים
75	lernen, f. pl.	לוֹמְדוֹת
229	Los Angeles	לוֹס־אֶנְגֶ'לֶס
44	mir, m. + f. sg.	לִי
27	bei, neben	לְיַד
28	warum?	לָמָּה

Mem מ

Bildnummer	*dt.*	*hebr.*
12	von, aus	.....מִ
5	Maja, f.	מַאיָה
39	woher?	מֵאַיִן
145	kocht, m. sg.	מְבַשֵּׁל
146	kocht, f. sg.	מְבַשֶּׁלֶת
147	kochen, m. pl.	מְבַשְּׁלִים
148	kochen, f. pl.	מְבַשְּׁלוֹת
108	Handtuch	מַגֶּבֶת
99	spricht, m. sg.	מְדַבֵּר
100	spricht, f. sg.	מְדַבֶּרֶת

101	sprechen, m. pl.	מְדַבְּרִים
102	sprechen, f. pl.	מְדַבְּרוֹת
6	was?	מַה
61	Lehrer, m. sg.	מוֹרֶה
62	Lehrerin	מוֹרָה
63	Lehrer, pl.	מוֹרִים
64	Lehrerinnen	מוֹרוֹת
222	Koffer	מִזְוָדָה
223	Gabel	מַזְלֵג
173	Heft	מַחְבֶּרֶת
215	Küche	מִטְבָּח
13	wer?	מִי
123	Michal, f.	מִיכַל
17	Wasser	מַיִם
198	Saft	מִיץ
184	Party	מְסִבָּה
133	Tischdecke	מַפָּה
199	Fotoapparat	מַצְלֵמָה
50	Miriam, f.	מִרְיָם
149	Mosche, m.	מֹשֶׁה
174	spielt, m. sg.	מְשַׂחֵק
175	spielt, f. sg.	מְשַׂחֶקֶת
176	spielen, m. pl.	מְשַׂחֲקִים
177	spielen, f. pl.	מְשַׂחֲקוֹת
14	Mati, m.	מַתִּי

Nun נ

Bildnummer	*dt.*	*hebr.*
185	fährt, m. sg.	נוֹסֵעַ
186	fährt, f. sg.	נוֹסַעַת
187	fahren, m. pl.	נוֹסְעִים
188	fahren, f. pl.	נוֹסְעוֹת
51	Nira, f.	נִירָה
7	Natan, m.	נָתָן
8	Netanja	נְתַנְיָה

Samech ס

Bildnummer	*dt.*	*hebr.*
189	Opa	סַבָּא
190	Oma	סַבְתָּא
191	Buch	סֵפֶר
192	Bibliothek	סִפְרִיָּה

Ajin ע

Bildnummer	*dt.*	*hebr.*
160	Arbeit	עֲבוֹדָה
161	hebräisch	עִבְרִית
162	Kuchen	עוּגָה
163	auf, über	עַל
165	mit	עִם
164	Anat, f.	עֲנָת
200	Baum	עֵץ
166	Zeitung	עִתּוֹן

Pe פ

Bildnummer	*dt.*	*hebr.*
134	hier	פֹּה
135	Mund	פֶּה
193	Pinchas, m.	פִּינְחָס
201	Pizza	פִּיצָה
136	Pnina, f.	פְּנִינָה
137	Kuh	פָּרָה
138	Schmetterling	פַּרְפַּר

Zadi צ

Bildnummer	*dt.*	*hebr.*
230	Charles, m.	צ'אַרְלְס
231	Tschechien	צֶ'כְיָה
202	Zila, f.	צִלָּה
203	Schal	צָעִיף

Kof ק

Bildnummer	*dt.*	*hebr.*
86	Wasserkessel	קוּמְקוּם
76	liest, m. sg.	קוֹרֵא
77	liest, f. sg.	קוֹרֵאת
78	lesen, m. pl.	קוֹרְאִים
79	lesen, f. pl.	קוֹרְאוֹת
216	klein, m.	קָטָן
217	klein, f.	קְטַנָּה
52	Federmappe	קַלְמָר

Resch ר

Bildnummer	*dt.*	*hebr.*
103	Rifka, f.	רִבְקָה
65	Rumänien	רוֹמַנְיָה
66	rumänisch	רוֹמָנִית
204	will, m. sg.	רוֹצֶה
205	will, f. sg.	רוֹצָה
206	wollen, m. pl.	רוֹצִים
207	wollen, f. pl.	רוֹצוֹת
87	Ruth, f.	רוּת
178	Strasse	רְחוֹב
179	Rachel, f.	רָחֵל
53	Ram, m.	רָם
139	Kuhstall	רֶפֶת
54	nur	רַק

Schin שׁ

Bildnummer	*dt.*	*hebr.*
150	Samstag	שַׁבָּת
151	Schoschana, f.	שׁוֹשַׁנָּה
152	von	שֶׁל
153	Frieden; Hallo, Tschüss	שָׁלוֹם
180	Tisch	שֻׁלְחָן
154	Schlomo, m.	שְׁלֹמֹה
155	dort	שָׁם
156	Kleid	שִׂמְלָה
167	Unterricht	שִׁעוּר
157	Sarah, f.	שָׂרָה

Tav ת

Bildnummer	dt.	hebr.
4	Fach	תָּא
67	danke	תּוֹדָה
29	Schüler, sg.	תַּלְמִיד
30	Schülerin, sg.	תַּלְמִידָה
40	Schüler, pl.	תַּלְמִידִים
68	Schülerinnen	תַּלְמִידוֹת
88	Bild	תְּמוּנָה

Eigennamen m.

dt.	hebr.
Avraham, m.	אַבְרָהָם
Eli, m.	אֵלִי
Elijahu, m.	אֵלִיָּהוּ
Amnon, m.	אַמְנוֹן
Efraim, m.	אֶפְרַיִם
Binjamin, m.	בִּנְיָמִין
Gad, m.	גָּד
George, m.	ג'וֹרְג'
Jim, m.	גִ'ים
David, m.	דָּוִד
Dan, m.	דָּן
Sevulun, m.	זְבוּלוּן
Jack, m.	זַ'ק

Eigennamen f.

dt.	hebr.
Orna, f.	אוֹרְנָה
Gila, f.	גִּילָה
Dvorah, f.	דְּבוֹרָה
Dalia, f.	דַּלְיָה
Hadassa, f.	הֲדַסָּה
Warda, f.	וַרְדָּה
Zehava, f.	זֶהָבָה
Jaqueline, f.	זַ'קְלִין
Channa, f.	חַנָּה
Talia, f.	טַלְיָה
Jael, f.	יָעֵל
Lea, f.	לֵאָה
Maja, f.	מַאיָה

Chaim, m.	חַיִּים
Tau, Tal, m.	טַל
Jehuda, m.	יְהוּדָה
Jossef, m.	יוֹסֵף
Joram, m.	יוֹרָם
Jakov, m.	יַעֲקֹב
Jizchak, m.	יִצְחָק
Karmi, m.	כַּרְמִי
Mosche, m.	מֹשֶׁה
Mati, m.	מַתִּי
Natan, m.	נָתָן
Pinchas, m.	פִּינְחָס
Charles, m.	צ'אַרְלְס
Ram, m.	רָם
Schlomo, m.	שְׁלֹמֹה

Michal, f.	מִיכַל
Miriam, f.	מִרְיָם
Nira, f.	נִירָה
Anat, f.	עֲנָת
Pnina, f.	פְּנִינָה
Zila, f.	צִלָּה
Rifka, f.	רִבְקָה
Ruth, f.	רוּת
Rachel, f.	רָחֵל
Schoschana, f.	שׁוֹשַׁנָּה
Sarah, f.	שָׂרָה